KB088623

알아두면 쓸모 있는 세금 상식사전

부동산 절세법

알아두면 쓸모 있는 세금 상식사전
부동산 세금 절세법

초판 1쇄 발행   2023년 1월 31일

지은이   최용규
발행인   곽철식

디자인   박영정
마케팅   박미애
펴낸곳   다온북스
인쇄   영신사

출판등록   2011년 8월 18일 제311-2011-44호
주소   서울시 마포구 토정로 222, 한국출판콘텐츠센터 313호
전화   02-332-4972   팩스   02-332-4872
전자우편   daonb@naver.com

ISBN 979-11-90149-92-1 (03320)

• 다온북스는 독자 여러분의 아이디어와 원고 투고를 기다리고 있습니다.
  책으로 만들고자 하는 기획이나 원고가 있다면, 언제든 다온북스의 문을 두드려 주세요.

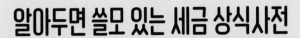

알아두면 쓸모 있는 세금 상식사전

부동산 세금 절세법

택스코디 지음

다온북스

프롤로그

시세가 비슷한 부동산을 가지고 있는데, 누구는 세금을 수천만 원 더 낸 사람들이 있습니다. 왜 이런 차이가 생기는 걸까요? 이유가 궁금하다면 즉시 이 책을 읽어보시길 바랍니다.

부동산 세금은 거미줄처럼 얽혀 있어서 첫 실마리를 잘 풀어야 합니다. 세금에 무지한 나머지 무방비 상태로 있다 보면 그동안 공들여 쌓아 놓은 재산이 어느 순간 세금으로 뒤바뀌어 버리는 어이없는 경험을 할 수도 있습니다.

'〈알아두면 쓸모 있는 세금 상식사전〉 부동산 세금 편'에는 주변에서 흔히 맞닥뜨리는 여러 세금 문제를 알기 쉽게 알려 줍니다. 취득세·재산세·종합부동산세·양도소득세·임대소득세 등 부동산 전반에 대한 세금 관리 노하우, 수익률이 높은 재테크를 위한 맞춤별 절세법을 사례와 더불어 소개합니다. 또 최근 변화된 부동산 시장의 흐름에 따라 여러분들이 꼭 알아야 할 세금 내용을 집중해 다뤘습니다. 예를 들어 바뀐 1세대 1주택자에 대한 비과세 제도, 주택임대소득 과세제도, 양도소득세 중과세 제도 등이 그렇습니다. 또 2023년부터 적용되는 개정된 세법까지 충실히 반영했습니다.

내 집을 마련할 때, 그리고 팔 때, 또 세를 놓을 때, 이 정도의 세금 상식만 있어도 큰 도움이 될 거라고 자신합니다. 부동산 세금을 하나도 모르는 세알못 씨부터 부동산 세금은 좀 안다는 투자자들까지 부동산에 관심이 있는 누구나 알아두면 쓸모 있는 정보로 가득 채웠습니다.

부동산 세금의 기초부터 실무적으로 활용 가능한 부동산 절세 상식과 사례까지 상세하게 담았습니다. 기초 지식이 없어 부동산 투자를 망설이고 있었다면 쉽고 간결하게 정리한 용어 정리를 통해 부동산 투자를 향한 첫걸음을 뗄 수도 있습니다.

예비 집주인이 계약서에 도장 찍기 전 꼭 알아야 할 취득세 절세 플랜부터, 모든 부동산세의 기초가 되는 주택 수 계산법, 조정대상지역 지정으로 발생하는 부동산세 변화를 상세히 분석했습니다. 또 부부 공동명의를 활용한 부동산세 절세, 교환거래로 보유세 부담에서 탈출하는 묘수 등 절세 전략을 안내합니다.

언제나 가장 화두인 양도소득세도 집중적으로 분석했습니다. 양도세는 부동산 투자수익률을 결정할 만큼 중요하면서도 계산이 특히 복잡한 세금입니다. 주택 수와 보유·거주 기간별 양도세 예상 세액을 시뮬레이션했습니다. 매매를 고민하고 있다면 이를 바탕으로 양도세를 확 줄일 수 있는 최적의 매매 타이밍을 찾아볼 수 있습니다.

시대가 변함에 따라 부동산 세금의 트렌드도 변합니다. 이에 저는 세금으로 고민하는 투자자들을 향해 말합니다. "내야 할 세금부터 제대로 잘 알고, 똑똑하게 덜 내라"고 말이죠. 세상이 변했고 부동산 세금을 마냥 피하는 것이 능사가 아닙니다. 본 책을 통해 세금으로 인해 머리를 싸매고 있는 1주택자, 다주택자, 임대사업자 모두가 최적의 절세 방법을 찾을 수 있을 거라 자신합니다.

시장은 언제나 변화해왔습니다. 변화의 주기가 짧고 길고의 차이일 뿐이죠. 무엇이 어떻게 바뀌었는지 정확히 알고 있다면 그 변화가 두렵지만은 않을 것입니다. 오히려 이를 명확히 인지하는 사람에겐 이런 변화는 기회가 될 수도 있습니다. 부동산 시장 역시 마찬가지입니다.

본 책은 부동산 세금으로 가득 채웠습니다. 한 페이지 한 페이지 넘기다 보면 어느새 변화의 흐름이 또렷이 보일 것입니다. 생각만큼 어렵지 않은 부동산 세금, 택스코디가 알기 쉽게 풀어 드리겠습니다.

차례

PART 01
알아두면 쓸모 있는 부동산 세금 상식

부동산 세금 용어 정리: 과세대상, 과세표준, 세율, 과세 기준일·15

집을 사면 내는 세금: 취득세·37

PART 02
알아두면 쓸모 있는 1주택자 세금 상식

PART 03
알아두면 쓸모 있는 다주택자 세금 상식

부자를 꿈꾼다면 꼭 알아야 하는 세금: 종합부동산세 • 121

중과되는 조정대상지역 다주택자 세금: 양도소득세 2 • 147

PART 04
알아두면 쓸모 있는 임대사업자 세금 상식

임대사업자 등록 및 신고: 사업장현황신고 · 171

임대소득이 생기면 내야 하는 세금: 소득세 · 197

권말부록

PART 01

알아두면 쓸모 있는
부동산 세금 상식

부동산 세금
용어 정리

과세대상, 과세표준, 세율, 과세 기준일

부동산 세금을
공부해야 하는 이유는?

    부자들이 현재의 자산을 축적할 수 있었던 가장 큰 원천은 노동에 의한 '사업소득'이었습니다. 두 번째 부의 원천으로는 부동산 투자가, 세 번째는 상속 및 증여의 순서였습니다.

    대한민국에서 부를 축적하는 것이 근로소득만으로는 불가능하다는 점을 다들 알고 있습니다. 특히 부동산 가격의 폭등으로 인해 자본소득의 증가속도를 노동소득의 속도로는 절대 따라잡을 수 없다는 걸 깨달아 부동산을 소유하지 못한 사람을 '벼락거지'라고 부르기도 했습니다.

    정리해보면 부자가 자산을 축적할 수 있었던 비결은 사업소득을 통해 벌어들인 소득을 가진 현재 50대 이상의 세대가, 부동산 투자를 통해 부의 축적을 이어갔습니다. 이제는 너무 큰 격차가 벌어진 자본소득과 노동소득의 차이를 감당할 수 없는 자녀 세대에게 상속과 증여를 통해 부의 이전을 도와주고 있는 형태라고 해석할 수 있습니다.

부의 이전을 받은 자녀 세대는 다시 본인을 위해 부동산 투자 또는 사업소득을 확대할 것이고, 이는 또 자녀의 자녀인 손주를 위한 부의 이전인 상속과 증여로 이어집니다.

그런데 자산축적의 3가지 방법인 사업소득, 부동산 투자, 상속 및 증여의 공통점은 무엇일까요? 바로 고액의 세금이 발생한다는 점입니다. 그러므로 자산관리를 하는 부자 중에 세금 공부를 하지 않는 사람은 없습니다. 소득과 부의 이전에 대한 의사결정은 그에 따르는 세금이 반영된 세후 금액을 기준으로 하기 때문입니다.

현재 부를 축적한 세대가 상속과 증여를 통한 부의 이전을 하게 될 때, 부를 이전받은 세대가 세금을 내고 남은 부를 관리하기 위해 더욱 많은 연구가 필요하게 됩니다.

즉 이제는 재테크 방식으로 부의 증가를 위한 방식만을 고수하는 것이 아닌 세후 수익을 높이기 위한 세테크 방식을 고민하는 자산관리 방식이 갈수록 각광 받는 이유이기도 합니다.

세알못 : 하지만 세금은 용어부터 어렵기만 합니다. 그렇다면 믿음직한 세무사에게 모든 걸 맡기면 될까요?

택스코디 : 전혀 그렇지 않습니다. 이미 자산관리 전문 세무사의 상담 예약은 몇 달 기다려야 하는 것이 일상이 되었고, 수시로 바뀌는 부동산 정책으로 과세관청의 세법판단과 의견도 바뀌는 경우가 적지 않습니다.

그렇다고 익명의 부동산 단톡방이나 카페 같은 곳에 본인의 고민을 올려서 스쳐 지나가듯 하는 비전문가들의 답변만 믿고 고가의 부동산을 관리해서는 더욱 안 됩니다.

세법은 매년 개정을 거듭하고 있습니다. 새로운 세법을 적용해야 하는데 몇 년 전 세법을 이야기하면서 '이거 아닌가요?'라고 할 수는 없는 노릇입니다.

그러므로 소중한 자산관리를 위해서는 끊임없이 세금을 공부해야 합니다. 그래야만 세무사의 상담을 정확히 이해하고, 적절한 질문을 던질 수 있으며, 그에 따른 정확한 답변을 얻을 수 있습니다. 더불어 새로운 세법개정안이 나왔을 때 또는 나오기 전부터 시장변화를 예측해 다음 단계로 나아가기 위해서도 세금 공부는 필수입니다.

부자들은 어떠한 의사결정 전에 최대한 많은 변수에 대한 최신 정보를 취합한 후, 리스크를 파악하고, 그에 따라 더 나은 결정을 한다는 점을 잊지 말아야 합니다.

알아두면 쓸모 있는 세금 상식사전

세금 줄이기,
용어부터 정리하자

세금이 어렵게 느껴지는 건 용어와 그 개념이 낯설기 때문이죠. 연말정산을 피할 수 없는 직장인부터 자영업을 하는 사장님까지 꼭 알아야 할 세금 용어를 살펴볼까요.

1. 원천징수

원천징수는 소득에 대한 세금을 직장인인 본인이 직접 내지 않고, 소득 지급자인 회사가 미리 징수해 국가에 대신 내는 것을 말합니다. 따라서 월급 명세서에 찍혀 나오는 실제 급여 금액은 회사가 각종 세금을 대신 낸 뒤 남은 금액입니다.

2. 연말정산

국가는 발생한 소득에 대해 세금을 걷는데, 직장인들의 근로소득은 월급에서 미리 세금을 공제하고 급여를 받습니다. 그러므로 일반 직장인은 원래 회사와 협상한 금액에서 세금을 공제하고 월급을 받기 때문에 이미 세금을 낸 것이 됩니다. 하지만 그 중에 누군가는 소비를 많이 해서 나라 경제가 잘 돌아가도록 했을 수 있고, 부양가족이 있어 드는 돈이 많아 과도한 세금을 내고 있을 수도 있습니다. 그런 이유로 정확히 다시 한 번 계산하는 것이 연말정산입니다.

3. 종합소득

우리가 흔히 소득이라고 일컫는 소득은 '종합소득'을 의미합니다. 그래서 소득공제라는 말도 보통 종합소득공제를 뜻하죠.

소득세법상 종합소득은 이자소득, 배당소득, 사업소득, 근로소득, 연금소득, 기타소득 총 6가지로 분류하며 해당 소득은 모두 원천징수 전 소득입니다.

4. 과세표준

과세표준은 종합소득에서 소득공제를 뺀 값을 말합니다. 세금을 부과하는 데 있어서 기준이 되는 것으로 이 과세표준에 세율을 곱해 세액이 결정된다고 이해하면 됩니다.

5. 소득공제

세금을 부과하는 기준인 과세표준을 줄이는 작업이 바로 소득공제입니다. 대표적인 소득공제로는 인적공제가 있습니다. 납세자의 세금 부담을 줄여주고 최저생계비를 보장하는 데 목적이 있습니다.

6. 인적공제

소득세 계산 시 본인과 가족에 대해 공제해 주는 것으로 크게 기본공제, 추가공제, 특별공제의 세 가지로 구분됩니다.

- 기본공제 - 과세표준을 계산하기 위해 나이와 소득금액 요건을 충족하는 경우 기본적으로 1인당 연 150만 원을 소득공제하는 제도를 말합니다.
- 추가공제 - 기본공제 대상자 중 일정 요건을 충족하면 추가로 공제 혜택을 주는 제도입니다. 만 70세 이상이면 1명당 연 100만 원을 추가공제하는 경로우대자 추가공제, 장애인일 경우 1명당 연 200만 원을 공제하는 장애인 추가공제 등이 있습니다.

7. 세액공제

소득공제와 달리 세액공제는 내야 할 세금을 깎아준다고 생각하면 됩니다. 소득세법에서 정한 세액공제 항목에 해당하면 그만큼의 세금을 받지 않는 것입니다.

8. 과세기간

납세의무를 가진 사람이 사망하거나 거주지를 해외로 옮기지 않는 이상 소득세법상 과세기간은 해당 연도 1월 1일부터 12월 31일까지입니다.

세율을 알면
세금이 보인다

세율이란 세금을 계산하기 위해서 과세표준에 곱하는 비율을 말합니다.

과세표준 × 세율 = 세금

세율은 표시방법에 따라 정률세율과 정액세율로, 과세표준의 크기에 따라 비례세율과 누진세율로 구분할 수 있습니다.

또 세율은 세금의 종류에 따라 항목별·금액별로 적용되는 세율이 다릅니다. 일단 세율은 과세표준에 곱해지는 비율이라고만 알고 있어도 충분합니다.

〈 세율의 표시방법에 따른 분류 〉

1. 정률세율: 백분율(%)로 표시되는 세율로, 과세표준이 종가세로 이루어지는 세목이 이에 해당합니다. 근로소득세, 취득세, 재산세, 양도소득세, 종합부동산세, 상속세, 증여세 등 우리가 일반적으로 접하는 대부분 세금이 종가세와 정률세율로 이루어져 있습니다.

2. 정액세율: 화폐단위(원)로 표시되는 세율로서 과세표준이 종량제로 이루어지는 세목이 이에 해당합니다.

참고로 대부분의 조세는 종가세와 정률세율 방식을 취하고 있습니다. 예를 들어 상가 등의 건물을 매입할 때 상가 매입금액을 1억 원이라고 가정하면, 취득세는 '1억 원 (종가세) × 4% (정률세율)'로 계산합니다.

한편 종량세는 일부 세목에만 적용됩니다. 예를 들면 지목 (땅의 이름) 변경을 하려면 변경등기를 해야 하는데, 이럴 때 세액은 '변경등기 1건 (종량세) × 6,000원 (정액세율)'으로 계산하며 종량세와 정액세율이라는 용어를 사용하고 있습니다.

알아두면 쓸모 있는 세금 상식사전

〈 과세표준 크기와 변화에 따른 분류 〉

1. 비례세율: 비례세율이란 과세표준의 크기와 관계없이 일정하게 정해진 세율을 말하는 것으로, 단순비례세율과 취득·등록 면허세처럼 과세대상에 따라 비례세율이 두 가지 이상으로 적용되는 차등비례세율이 있습니다.

2. 누진세율: 과세표준이 커질수록 점차 높아지는 세율을 말하는 것으로 단순누진세율과 초과누진세율이 있습니다. 단순누진세율은 과세표준이 증가함에 따라 그 전체에 대해 단순하게 고율의 세율을 하나씩 적용하는 방식입니다. 초과누진세율은 과세표준의 금액을 여러 단계로 구분하고 높은 단계로 올라갈 때마다 순차적으로 초과 단계마다 더 높은 세율을 적용하는 방식입니다.

2023년 종합소득세, 양도소득세 누진공제표

과세표준	세율	누진공제액
1,400만 원 이하	6%	
1,400만 원~5,000만 원 이하	15%	126만 원
5,000만 원~8,800만 원 이하	24%	576만 원
8,800만 원~1억 5천만 원 이하	35%	1,544만 원
1억 5천만 원~3억 원 이하	38%	1,994만 원

3억 원~5억 원 이하	40%	2,594만 원
5억 원~10억 원 이하	42%	3,594만 원
10억 원 초과	45%	6,594만 원

과세표준이 6천만 원일 때, 종합소득세를 계산해 봅시다. 아래 두 가지 방법으로 계산 가능합니다.

1. 구간별 합산: 1,400만 원 × 6% + (5,000만 원 - 1,400만 원) × 15% + (6,000만 원 - 5,000만 원) × 24% = 864만 원

2. 누진공제표: 6,000만 원 × 24% - 576만 원 = 864만 원

부동산 세금을 책정하는
기준가격을 살펴보자

세금을 부과할 때 사용하는 금액은 2가지로 구분되어 집니다. 시세를 반영하는 시가, 중앙정부나 지방자치단체가 시가 대용으로 사용하기 위해 마련한 기준시가가 그것입니다.

먼저 시가란 불특정 다수인 사이에 거래되는 가격을 말합니다. 이 금액은 시장의 수요, 공급의 법칙에 따라 결정됩니다. 현재 시가를 기준으로 과세하는 세목에는 취득세 (단 시가가 기준시가에 미달할 때에는 기준시가), 양도소득세, 상속세 / 증여세 (단 시가가 확인이 안 되면 기준시가)가 있습니다.

다음으로 기준시가란 정부가 일정 시점을 기준으로 고시하는 가격입니다. 통상 시가의 50~ 70%를 반영하고 있습니다. 토지는 개별공시지가를 의미합니다. 아파트 등 공동주택이나 주상복합 건물은 토지와 건물을 한꺼번에 평가해 고시합니다. 최근에는 단독주택도 고시되고 있습니다.

기준시가를 사용하는 세금 항목은 취득세 (실지 취득가액이 기준시가보다 낮은 경우와 상속, 증여의 경우), 재산세, 종합부동산세, 시가가 확인되지 않은 경우의 상속, 증여세가 있습니다.

지방세법에서 취득세나 재산세 과세에 사용되는 시가표준액은 공시가격 (기준시가)을 의미합니다.

주택에 대한 세금은 주택의 가격을 기준으로 부과됩니다. 취득세는 취득할 때의 주택 가격, 보유세는 보유 중인 주택의 가격, 양도소득세는 양도할 때의 주택 가격과 취득가격의 차이를 기준으로 세금을 계산합니다. 또 상속이나 증여를 받은 주택은 상속 및 증여 당시의 주택 가격을 기준으로 상속세와 증여세를 냅니다.

그런데 이때 각각의 세금 계산에서 기준이 되는 주택 가격이 좀 다릅니다. 어떤 세금을 계산할 때에는 실거래가라고 하고, 또 다른 경우에는 기준시가, 공시가격 등으로 부릅니다. 이름뿐만 아니라 내용도 달라서 계산도 복잡합니다.

세알못 : 각각은 어떤 의미이며, 어떤 세금의 계산에 어떻게 반영되나요?

알아두면 쓸모 있는 세금 상식사전

택스코디 : 실거래가는 이름 그대로 실제로 거래된 가격입니다. 주택 거래에서 계약서를 쓰고 판 사람과 산 사람이 실제 주고받은 금액이 실거래가 입니다. 보통 집값이라고 하면 이 실거래가를 말합니다.

실거래가는 거래한 가격이기 때문에 거래에 부과되는 세금을 매길 때 기준이 됩니다. 우선 주택을 살 때 내는 취득세는 실거래가에 취득세율을 곱해서 산출합니다. 주택을 팔 때 내는 양도소득세는 취득할 때의 실거래가와 양도할 때의 실거래가 차이, 즉 양도차익에 세금을 매깁니다.

2006년부터 반드시 정부에 실거래가 신고를 하도록 하고 있습니다. 부동산을 거래한 후 당사자나 중개업자가 계약 체결일로부터 30일 이내에 신고해야 합니다. 신고하고 실거래가 신고필증을 받아야만 소유권 등기이전을 할 수 있습니다. 주택 실거래가는 국토교통부 실거래가 공개시스템에서도 확인할 수 있습니다.

주택을 사거나 팔지 않고, 단순히 보유만 하고 있어도 주택 가격을 따져야 하는 경우가 있습니다. 재산세나 종합부동산세 등 보유세를 계산할 때입니다.

재산이 많을수록 많은 세금을 내도록 하니까 보유재산의 가격이 필요한 것인데, 사고팔지 않았으니 어떤 기준으로 집값을 매겨야 할지 어렵습니다. 따라서 이런 경우에는 정부에서 주택의 가격을 정해서 공개한 것을 활용하는데, 정부가 조사해서 공개하는 이 주택 가격을 공시가격이라고 합니다.

공시가격은 세금뿐만 아니라 건강보험료 등을 산정할 때에도 사용되는데, 국민부담을 늘리기 때문에 통상 실거래가 보다는 낮게 결정됩니다.

보유세를 계산할 때에는 이보다도 더 부담을 낮추기 위해 공시가격에 공정시장가액비율이라는 것을 곱한 뒤에 세율을 적용합니다. 재산세의 경우 공시가격의 60% (공정시장가액비율)에만 세금이 부과됩니다.

공시가격은 국토교통부 홈페이지에서 열람할 수 있습니다. 아파트 등은 공동주택공시가격, 단독주택이나 다세대주택, 빌라 등은 단독주택공시가격으로 구분해 공개됩니다.

오피스텔이나 빌딩 등 상업용 건물과 같이 공시가격이 없는 것도 있습니다. 이럴 때도 보유세를 부과해야 하기에 국세청은 별도로 '기준시가'라는 가격을 정해서 발표합니다. 상속이나 증여를 받았거나 매매를 했지만 제대로 신고하지 않은 경우에도 이 기준시가가 과세기준이 될 수 있습니다.

알아두면 쓸모 있는 세금 상식사전

기준시가는 국세청이 매년 9월 1일을 기준으로 계산한 다음 12월 말에 발표합니다. 홈택스에서 주소를 입력하면 조회할 수 있습니다.

하루 차이로 세금폭탄을
맞을 수 있다

부동산을 포함해 몇몇 재산들은 가지고 있다는 사실만으로도 세금을 내야 하는 경우가 있습니다. 부동산의 경우에는 매년 6월 1일을 기준으로 재산세를 내야 합니다.

부동산을 가진 사람이면 누구나 내야 하는 세금이 재산세이고, 그중 고가주택을 가진 사람은 종합부동산세도 부담해야 합니다. 그래서 종합부동산세는 부자들만 내는 세금이라고 해서 '부자세'라는 별명이 붙기도 하죠.

재산세는 매년 6월 1일이 과세기준일(종합부동산세도 동일)이기 때문에, 집을 사는 사람은 매수 잔금을 6월 1일 이후에 줘야 합니다. 만약 5월 31일에 잔금 처리를 하면 고작 하루 차이로 그해 재산세를 납부해야 합니다.

따라서 집을 사거나 팔 계획이 있다면 반드시 6월 1일을 기억해야 합니다. 이날을 기준으로 집을 소유한 사람에게 1년 치 재산세가 부과되며, 고가주택이면 종합부동산세까지 내야 하기 때문입니다. 자칫하면 하루 차이로 수십만 원에서 수백만 원의 보유세를 내는 상황이 발생할 수 있습니다. 반대로 계약하기 전에 과세기준일을 제대로 이해하고 잔금날짜를 정하면 보유세를 피해갈 수도 있습니다.

양도소득세도 마찬가지입니다. 개인의 양도소득세 과세기간은 1월 1일부터 12월 31일까지입니다. 올해 양도차익의 과세표준이 8천만 원 정도인데, 한 채를 더 팔아서 과세표준이 800만 원만 추가되어도 양도소득세율이 24%에서 35%로 높아지게 돼 세금이 늘어납니다. 이런 경우 마지막 물건의 잔금은 내년 1월로 미루는 게 좋습니다. 반대로 내년에 팔 물건이 많다면 올해 서둘러서 미리 파는 게 좋습니다.

또 다른 사례도 살펴봅시다. 보유기간 특례가 있어서 단 하루 차이로 세금이 어마어마하게 차이가 나기도 합니다.

어느 부부가 7년간 맞벌이로 모은 돈 3억 원으로 6개월쯤 살고 1억 원의 양도차익을 남긴 뒤 아파트를 판다고 가정하면 약 7,700

만 원의 세금을 내야 합니다. 만약 이들이 1년을 채우고 팔게 되면 세금을 꽤나 절세할 수 있습니다. 1년 미만 보유 시 양도소득세율은 70% 중과세되기 때문입니다.

위 사례에서 8월 31일이 1년째 되는 날이라고 가정해 봅시다. 계약서상 잔금일이 8월 31일인데 집을 사는 사람이 하루 일찍 잔금을 주고 8월 30일에 등기접수를 하게 되면 단 하루 차이로 이 부부는 무려 수천만 원이 넘는 세금을 더 내게 되는 상황을 마주하게 됩니다.

따라서 비과세 요건인 보유기간 충족, 장기보유특별공제 적용 시 보유기간, 양도소득세율 적용 시 보유기간을 잘 따져야 합니다. 이 요건의 충족 여부에 따라 하루 차이로 세금이 크게 달라질 수 있기 때문입니다.

알아두면 쓸모 있는 세금 상식사전

집을 사면
내는 세금

취득세

집 사기 전,
이것부터 확인하자

택스코디 : 먼저 주거비를 고려해야 합니다. 현재 주거 상태가 월세인지 전세인지에 따라 주거비가 다를 수 있습니다. 일반적으로 전세보다는 월세 주거비가 많다고 알려져 있습니다. 따라서 주거비가 본인 소득에서 차지하는 비중이 높으면 월세에서 전세 또는 내 집, 전세에서 내 집 등의 순서로 주거 형태를 변경할 수 있습니다.

월세나 전세에서 살겠다고 결정했다면, 집주인이 주택임대사업자등록이 되어 있는지 살펴봐야 합니다. 이들은 마음대로 월세를 인상할 수 없기 때문입니다. 주택임대사업자들은 임대차계약을 맺을 때마다 종전 임대료의 5% 이상을 인상하지 못합니다.

참고로 주거비에 대한 세제 혜택은 다음과 같습니다.

구분	월세	전세	내 집 마련
혜택	월세 지출액 × 10~12% 세액공제	대출 원리금 상환액 × 40% 소득공제 (한도: 300만 원)	대출이자 상환액 × 100% (한도: 300 ~1,800만 원)
대상	연봉 7천만 원 이하 무주택 직장인	무주택 근로자	무주택 근로자 (세대원)

또 집을 사기로 했다면 어느 지역에서 얼마짜리 집을 살 것인지 정해야 합니다. 최근에는 무주택자들을 대상으로 신규 분양 주택의 75%를 우선 공급하는 제도가 적용되므로 본인의 청약가점을 확인해 보고 이와 관련한 준비를 해 두는 것도 필요합니다. 일반적으로 높은 가점을 받으려면 무주택 기간과 청약저축 기간, 부양가족 수 등이 길거나 많아야 합니다.

그리고 자금조달 방법을 포함해 자금계획을 세워야 합니다. 일단 주택을 사기로 마음먹었다면 자금계획을 치밀히 세워야 합니다. 대출이 원하는 만큼 잘 나오지 않을 가능성이 크기 때문입니다. 먼저 필요한 자금 중에서 본인이 조달 가능한 자금을 파악합니다. 이후 부족한 자금은 대출이나 가족 등의 도움을 받도록 합니다. 이런 자금조달과 관련해서는 자금출처조사를 받을 수가 있으니 주의가 필요합니다.

명의도 잘 정해야 합니다. 현행 세제는 1세대가 보유한 주택 수가 2주택 이상이면 양도소득세를 중과하거나 종합부동산세를 중과하는 식으로 불이익을 주고 있습니다. 따라서 취득 전에 이런 문제를 충분히 고려할 필요가 있습니다.

실제 집을 취득할 때는 단독명의로 할 것인지 공동명의로 할 것인지도 점검하는 것이 좋습니다. 실무적으로 1주택자는 부부 공동명의를 하면 당장에는 실익이 없을 수 있지만, 나중에 2주택 이상이면 명의 분산에 따른 효과를 보는 경우가 많습니다.

마지막으로 앞으로 납부하게 될 세제 제도에 대해서도 알아 둬야 합니다. 집을 취득하게 되면 취득가액의 1~12% 내에서 취득세가 부과됩니다. 그리고 매년 6월 1일을 기준으로 재산세 같은 보유세가 발생하며, 이를 양도할 때는 양도소득세가 발생합니다. 이 중 양도소득세가 중요한데, 조금 뒤에 구체적으로 다시 설명하겠습니다.

자금조달
방법부터 살펴보자

집 등 부동산을 취득할 때, 자금조달 방법은 다양합니다. 우선 취득에 필요한 자금 규모가 대략 결정되었다면, 자금조달 계획을 어떤 식으로 세울 것인지 정해야 합니다.

자기자금 : 본인 소득으로 충당하는 자금

직장인이라면 근로소득이나 퇴직소득, 사업자라면 사업소득 등이 됩니다. 이런 자금은 세법상 문제가 없는 경우가 일반적이나 국세청에 미신고된 소득이 원천이 된 경우에는 세금추징 문제가 발생합니다. 다만, 세법은 5~7년 정도의 국세부과 제척기간을 두어 이 기간을 벗어나면 문제 삼지 않습니다.

증여자금: 부모 등으로부터 무상으로 증여를 받은 자금

이런 증여자금에 대해서는 증여세 신고를 하는 것이 원칙이나 무신고를 하는 경우가 있습니다. 이에 대해서는 추징 문제가 있습니다. 증여세에 대한 국세부과 제척기간은 15년이 될 수 있습니다. 따라서 증여받은 금액이 클 때는 주의할 필요가 있습니다. 참고로 아래 금액 이하에 대해서는 증여세가 부과되지 않습니다.

구분	증여세 비과세 한도	비고
배우자로부터 증여받은 경우	6억 원	최종일로부터 소급해 10년 동안의 금액을 더해 판단
직계존비속으로부터 증여받은 경우	5천만 원(미성년자 2천만 원)	
친족으로부터증여받은 경우	1천만 원	

타인자금: 전세보증금을 인수하거나, 대출을 받아 충당하는 자금

타인자금은 전세계약서나 금융기관에서 발급하는 대출서류로 입증 가능하므로 세법상 문제는 별로 없습니다. 다만, 직계존비속으로부터 차입하는 경우에는 이에 대한 입증 문제가 발생할 수 있습니다. 투기과열지구 내에서 주택 등을 거래하면 자금조달계획서를 제출하는데 이를 통해 언제든지 자금출처를 조사할 수 있

습니다. (조정대상지역 및 비규제지역 중 6억 원 이상의 거래에도 적용)

> **세알못 :** 서울에 집 한 채를 사려고 합니다. 전세금에 대출금을 보태 거주할 집을 취득할 예정입니다. 부동산공인중개소에 가니 주택취득 자금 조달 및 입주계획서(이하 자금조달계획서)를 써 오라는데, 서류가 너무 복잡해 어떻게 써야 할지 막막합니다.

> **택스코디 :** 요즘은 부동산을 거래할 때 매수인과 매도인은 매매계약 을 체결한 날로부터 30일 이내에 부동산 소재지의 시장, 군수, 구청장 에게 부동산 실제 거래가격을 신고해야 합니다. 당사자는 '부동산 거 래계약 신고서'를 제출해야 하고, 개업 중개사가 관여돼 있다면 중개 사가 신고하게 됩니다. 신고는 관할 관청 부동산과에 방문하거나 부동 산거래관리시스템에 접속해 인터넷으로 할 수 있습니다.

만약 법인이 매도 또는 매수할 경우 모든 법인은 주택 매매계약 체결 시 거래 상대방이 해당 법인의 임원이나 법인의 임원과 친 인척 관계는 아닌지 '법인 주택 거래계약 신고서'를 추가로 내야 합니다.

투기과열지구나 조정대상지역의 주택을 매수한다면 거래 가격 과 상관없이 모든 주택 거래에 대해 '자금조달계획서'를 제출해 야 합니다. 비규제지역의 주택을 매수하는 경우 거래가가 6억 원 이상이라면 자금조달계획서가 필요합니다. 법인은 지역이나 금액에 상관없이 무조건 제출해야 합니다.

자금조달계획서를 제출할 때는 기재한 자금에 대한 증빙서류도 첨부해야 합니다. 자금조달계획서나 증빙서류를 제출하지 않았을 때, 500만 원 과태료가 부과되며 실거래 신고필증이 발급되지 않아 소유권이전등기도 불가합니다. 자금조달 증빙 제출 서류는 다음 '표'와 같습니다.

자금조달 증빙 제출 서류

항목별		제출 서류
자기자금	금융기관 예금액	잔고증명서, 예금잔액증명서 등
	주식 및 채권 매각 금액	주식거래내역서, 잔고증명서 등
	상속 및 증여	상속 및 증여세신고서, 납세증명서 등
	현금 등 기타	소득금액증명원, 근로소득원천징수영수증 등 소득 증빙 서류
	부동산 처분 대금 등	부동산매매계약서, 부동산임대차계약서 등
타인자금	금융기관 대출액	금융거래확인서, 부채증명서, 금융기관 대출신청서 등
	임대보증금 등	부동산 대차계약서
	회사지원금, 사채 등 차입금	금전 차용을 증빙할 수 있는 서류 등

예를 들어 10억 원 상당의 주택을 살 때 기존 전세금이 5억 원, 은행 대출이 2억 원, 주식 매도 금액이 3억 원이 있는 경우 자금 조달계획서에서는 자기 자금 8억 원, 차입금 등 타인 자금 2억 원이 되며, 부동산 임대차계약서와 은행잔고증명서(또는 예금잔액증명서), 주식거래내역서가 필요합니다.

이렇게 제출한 서류는 사실에 기반을 둬야 하고, 만약 자금조달계획서 및 증빙서류를 확인한 결과 자금출처가 부족하거나 증여로 의심된다면 탈세 의심 자료로 국세청에 통보돼 자금출처 조사가 나올 수 있습니다.

특히 소득이 없는 미성년자나 성인이라도 직업 또는 나이에 어울리지 않게 고가주택을 취득한 경우, 정상적인 자금 조달로 보기 어려운 거래로 편법 증여가 의심되는 경우, 제출 서류와 실제 자금의 원천이 일치하지 않는 때에는 증여세가 부과될 수 있습니다.

알아두면 쓸모 있는 세금 상식사전

단독명의보다
공동명의가 유리하다

세알못 : 일반적으로 단독명의보다 공동명의가 세금이 줄어들어 유리하다고 들었습니다.

택스코디 : 공동명의가 유리한 이유는 임대소득세나 양도소득세가 누진세율로 부과되는 상황에서 소득이 분산되면 세금이 줄어들기 때문입니다. 우리나라 세법은 부부나 가족들의 소득을 합산해 과세하는 방식이 아니라 각자가 번 소득에 대해 과세하는 방식을 취하고 있습니다. 예를 들어 집을 임대 또는 양도에 발생한 소득이 2천만 원이라고 합시다. 이를 한 사람이 과세 받는 것을 기준으로 하면 2,000만 원 중 1,200만 원까지는 6%, 나머지 800만 원은 15%가 적용됩니다. 따라서 이 경우 192만 원 (72만 원 + 120만 원)이 산출됩니다. 그런데 이 소득을 두 사람이 똑같이 가지면 세금은 120만 원 (1,000만 원 × 6% × 2명)이 됩니다.

그런데 부부가 1세대 1주택을 보유한 상황에서는 일반적으로 이런 효과가 발생하지 않습니다. 예를 들어 어떤 부부가 6억 원에 집을 샀다고 합시다. 이들은 이 집에서 거주하고 5년 뒤 팔려고 합니다. 이 경우 단독명의를 한 경우와 공동명의를 한 경우의 세금 차이를 비교해 봅시다. (5년 뒤 처분가액은 12억 원 이하라고 가정합니다.)

구분	단독명의	공동명의
취득세	취득가액 × 1%	좌동
재산세	법정산식에 따라 부과	좌동
종부세	해당 사항 없음	좌동
임대소득세	해당 사항 없음	좌동
양도소득세	비과세	좌동

위 내용을 보면 1주택을 보유한 상황에서는 단독명의나 공동명의나 과세 내용은 같습니다. 따라서 이런 상황에서는 공동명의를 했더라도 실익은 없습니다. 다만 위 주택을 처분할 때 12억 원이 넘는 고가주택에 해당하면 공동명의가 다소 유리할 수 있습니다. 예를 들어 처분할 때 양도가액이 13억 원이고 과세표준을 계산하니 2천만 원이 되었다면 앞에서 본 것처럼 소득 분산이 되어 공동명의가 다소 유리할 수 있습니다.

세알못 : 그럼 1세대가 2주택 이상을 보유하면 공동명의가 유리한가요?

택스코디 : 그럴 가능성이 큽니다. 먼저 어떤 세금이 유리할지 살펴봅시다.

구분	단독명의	공동명의
취득세	취득가액 × 1~12%	좌동
재산세	법정산식에 따라 부과	좌동
종부세	기준시가 - 9억 원 공제	기준시가 - 18억 원 공제
임대소득세	합산한 주택임대소득이 2천만 원 초과 시 종합과세	개인별로 2천만 원 초과 시 종합과세
양도소득세	단독명의자의 양도소득에 대해 과세	개인별 과세로 인해 양도소득세 감소

위 표처럼 2주택 이상일 때는 종부세와 임대소득세 그리고 양도소득세는 공동명의가 유리할 수 있습니다. 이들의 세금은 각 개인이 보유한 재산이나 각자가 벌어들인 소득별로 과세되기 때문입니다.

먼저 종합부동산세는 매년 6월 1일을 기준으로 과세되는 국세에 해당하는데, 일단 개인이 보유한 주택의 기준시가 합계액에서 9억 원(종전 6억 원)을 차감한 후 그 초과한 금액에 대해 부과하는 세금을 말합니다. 따라서 한 사람이 2주택 이상을 보유한 때에는 공제 혜택을 9억 원밖에 받을 수 없습니다. 하지만 이를 부부가 분산해 보유하고 있거나 공동명의로 가지고 있다면 공제 금액이 18억 원이 되어 명의 분산 효과가 발생합니다.

또 주택 임대소득세 과세 방식은 일단 개인별로 2천만 원 이하 소득이 발생하면 주택임대소득만 분리하여 14%의 세율로 과세하며, 이를 초과하면 근로소득 등과 합산해 6~45%로 종합과세를 합니다.

마지막으로 양도소득세도 개인별로 부과되므로 단독명의보다는 공동명의가 유리한 경우가 대부분입니다.

집을 사면 60일 이내에
취득세를 납부해야 한다

집을 사면 반드시 내야 하는 세금이 바로 취득세입니다. 주택의 취득이란 매매, 교환, 상속, 증여, 건축 등의 방법으로 유·무상으로 취득하는 것을 말합니다. 취득 시 다음과 같은 세금이 부과됩니다.

구분	국세	지방세제	
		지방세	관련 부가세
취득 시	인지세 (계약서 작성 시) 상속세 (상속받은 경우) 증여세 (증여받은 경우)	취득세	농어촌특별세 (국세) 지방교육세
보유 시	종합부동산세 (일정 금액 초과 시) 농어촌특별세 (종합부동산세 관련 부가세)	재산세	지방교육세 지역 자원시설세

- **인지세:** 집주인의 이름을 자신의 이름으로 바꾸려면 인지세를 내야 합니다. 부동산의 취득과 관련하여 매매계약서 (분양권 매매계약서 포함) 등 증서를 작성하는 경우, 정부 수입인지를 증서에 첨부하고, 증서의 지면과 인지에 걸쳐 작성자의 인감 또는 서명으로 소인해야 합니다. 참고로 주택의 경우 매매계약서 상 기재금액이 1억 원 이하일 때는 인지세가 비과세됩니다.

인터넷상 전자수입인지 납부서비스에 접속하여 종이문서용과 전자문서용을 선택하여 전자수입인지를 구매, 소인할 수 있습니다. (우표 형태의 종이수입인지를 첨부, 소인하는 방식은 폐지)

- **상속세 및 증여세:** 부동산을 상속받거나 증여받은 때에는 별도로 상속세 또는 증여세를 내야 합니다.

- **취득세:** 새로운 집을 취득한 날로부터 60일 (상속 6개월) 이내에 해당 시, 군, 구에 신고·납부해야 합니다. 기한을 넘기면 신고 (20%) 및 납부 (1일경과 시 22 / 100,000) 불성실 가산세가 부과됩니다. 또 지방교육세, 농어촌특별세는 취득세를 낼 때 같이 부과됩니다.

세알못 - 주택을 취득하면 신고 절차는 어떻게 되나요?

택스코디 - 다음과 같습니다.

1. 부동산 거래계약 신고

거래계약 체결일부터 30일 이내에 주택 소재지 관할 지자체에 신고 : 거래당사자는 부동산의 매매계약, 공급계약 등을 신고 (중개사가 거래 계약서를 작성·교부한 경우에는 해당 공인중개사가 신고해야 함)

2. 취득세 신고

취득일로부터 60일 이내에 신고 : 필요서류: 취득세 신고서, 매매계약 서, 부동산거래계약 신고필증, 분양 시 분양계약서 사본, 잔금납부 영 수증

3. 등기신청

- 해당 기관: 주택 소재지 관할 등기소
- 신고기한: 잔금일 (증여는 계약일)로부터 60일 이내
- 필요서류: 등기신청서, 부동산 매매(증여)계약서 등 등기원인증서, 취득세 납부영수증, 국민주택채권매입증 등 (상속의 경우 상속재산 분할협의서, 사망자 기본증명서 및 가족관계증명서, 상속인 가족관계 증명서 등)

조정대상지역 주택 취득 시 취득세 중과에 유의하자

　살면서 복잡한 세금제도를 다 알기란 힘들죠. 의·식·주 중 의복·식료품에 붙는 세금은 기껏해야 부가가치세 정도입니다. 치러야 할 값에 이미 붙어 나와 일일이 계산할 필요도 없습니다.

　그러나 주택은 다릅니다. 집을 사면 취득세, 살면 보유세, 빌려주면 임대소득세, 팔면 양도소득세, 물려주면 상속·증여세가 따라붙습니다.

　20차례가 넘는 부동산 대책이 나왔고 세금 제도(세제)도 따라 복잡해지다 보니, 전문가도 헷갈릴 정도라고 합니다. 부동산 세금을 내야 할 당사자가 각자도생 공부할 수밖에 없는 현실입니다.

> 세알못 : 서울서 집을 사면 취득세가 최대 12%인가요?

택스코디 : 2020년 8월 18일 이후부터 취득세가 올랐습니다. 1주택자는 큰 걱정은 안 해도 됩니다. 조정대상지역이든 아니든 주택 가격에 따라 1~3%의 최저세율아 적용됩니다. 그리고 비조정대상지역에선 2주택까지도 1~3% 낮은 세율이 적용됩니다.

문제는 다주택자입니다. 조정대상지역 2주택, 비조정대상지역이라도 3주택을 취득할 때는 세율이 8%로 훌쩍 뛰었습니다. 이 세율은 주택 수에 따라 최대 12%까지 올라갔습니다.

다주택자에 대한 취득세 중과제도는 2020년 8월 주택투기 억제를 위해 도입되었으나, 최고세율이 12%에 달하는 등 과도하다는 비판과 함께, 최근 경기위축과 주택거래 침체 등으로 주택시장 과열 당시 도입되었던 제도의 적실성에 대한 지적이 있었습니다. 이에 따라 정부는 '부동산세제 정상화' 차원에서 2주택까지는 중과를 폐지키로 하고, 3주택 이상은 현행 중과세율 대비 50%를 인하하기로 했습니다.

이번 조치의 시행시기는 중과완화 발표일인 2022년 12월 21일부터이며, 취득한 주택의 잔금 지급일이 이날 이후이면 중과완화 적용을 받습니다.

다주택자 취득세 중과 완화 방안

종전	구분	개선
8%	3주택 (조정대상지역 2주택)	4%
12%	4주택 (조정대상지역 3주택) 이상 및 법인	6%

다만, 취득세 중과완화는 법률개정 사항으로 정부는 2023년 초 (2월 예상) '지방세법'개정안의 국회 입법 시 이날부터 소급 적용할 계획이라고 밝혔습니다.

아울러 이번 취득세 중과완화와 함께 조정대상지역의 3억 원 이상 주택 증여에 대한 증여 취득세 중과세율도 기존 12%에서 6%로 인하될 예정입니다.

세알못 : 취득세를 낼 때 공시가격 1억 원 이하 주택은 주택 수 산정에서 제외한다는데 분양권·오피스텔도 마찬가지인가요?

택스코디 : 시가표준액 1억 원 이하 오피스텔은 주택으로 간주하지 않습니다. 1억 원이 넘는 오피스텔은 주거용일 때만 주택 수에 포함합니다. 그러나 분양권은 가격 상관없이 주택 수로 포함됩니다. 그런데 오피스텔 분양권은 좀 독특합니다. 오피스텔은 완공해서 살기 전에는 주거용인지 상업용인지 알 수 없기 때문입니다. 이런 이유로 오피스텔 분양권은 주택 수에 포함하지 않습니다.

알아두면 쓸모 있는 세금 상식사전

세알못 : 부부 공동으로 집을 사면 주택 수는 어떻게 되나요?

택스코디 : 세대 안에서 공동으로 소유하면 한 세대가 1주택을 소유한 것으로 봅니다. 그러나 같은 세대원이 아닌 사람과 공동으로 집을 소유하면 각각 1주택을 가진 것으로 봅니다.

세알못 : 조정대상지역에서 두 번째 집을 사면 취득세 8%(법 개정 후 4%)가 적용됩니다. 기존 집은 팔고 새로 이사할 용도로 두 번째 집을 사도 그런가요?

택스코디 : 이사하려고 일시적으로 2주택이 된 경우에는 새집은 1~3%의 최저세율이 적용됩니다. 다만 기존 주택을 처분 기간 안에 팔지 않고 계속 갖고 있으면 8%(법 개정 후 4%) 세율과 함께 가산세를 내야 합니다. (기존 주택 처분 기간은 조정대상지역이면 2년 이내, 그렇지 않으면 3년 이내입니다.)

5억짜리 집을 사면 취득세는 얼마나 낼까?

세알못 : 취득세를 낼 때, 지방교육세와 농어촌특별세도 같이 내야 하나요?

택스코디 : 지방교육세와 농어촌특별세는 취득세에 부가하는 세금입니다. 주택에 대한 취득세를 낼 때에 지방교육세와 농어촌특별세도 함께 신고·납부해야 합니다. 국민주택(85㎡ 이하)은 농어촌특별세가 비과세됩니다.

1. 지방교육세

주택 취득세에는 지방교육세가 함께 부과됩니다. 취득 유형별로 아래와 같은 산출방식에 따라 부과합니다.

• 주택 유상거래에 따른 취득세 표준세율 (1%~3%)이 적용되

는 경우에는 해당 세율에 50%를 곱한 세율을 적용해 산출한 금액의 20%가 지방교육세가 됩니다. 즉 주택유상거래 취득세율의 10%에 해당하는 0.1%~0.3%의 세율이 적용됩니다.

- 다주택자·법인의 유상취득, 조정대상지역 내 무상취득 등 중과세 8%, 12% (개정 예정 4%, 6%)가 적용되는 경우에는 0.4%의 세율이 일괄 적용됩니다.

- 원시취득과 무상취득의 경우 각각의 취득세율에서 2%를 뺀 세율을 적용해 산출한 금액에서 20%를 적용한 금액이 지방교육세가 됩니다.

2. 농어촌특별세

농어촌특별세는 국세이지만 지방세인 취득세에 부가하는 세금입니다. 산출한 취득세액을 기준으로 부과(10%)되는 경우와 감면세액을 기준으로 부과(20%)되는 농어촌특별세로 구분됩니다. 다만 국민주택(85㎡ 이하)과 농가 주택에 대해서는 비과세됩니다.

- 취득세액을 기준으로 부과(10%)되는 농어촌특별세 산출방식을 보면 먼저 표준세율을 2%로 적용하고 중과세를 적용한 세액을 더하여 산출한 취득세액에서 10%를 적용합니다.

- 주택유상거래에 따른 취득세 표준세율(1%~3%)이 적용되는

경우 2%로 취득세를 산출한 후 10%를 적용하므로 일괄적으로 0.2%의 세율이 적용됩니다.

- 다주택자 유상거래 중과세율 8%가 적용되는 경우에는 2%와 4% (2%의 2배)를 합한 세액에서 10%를 적용하면 0.6%가 됩니다.

- 다주택자·법인 및 무상취득 중과세율 12%에 해당하는 경우에는 2%와 8%(2%의 4배)를 합한 세액에서 10%를 적용하면 1%가 농어촌특별세율입니다.

- 그 밖에 무상취득 (상속, 증여)과 원시취득(신축·증축)의 경우에는 0.2%의 세율이 적용됩니다.

- 감면세액을 기준으로 부과(20%)되는 농어촌특별세의 경우, 예를 들어 취득세가 75% 감면대상인 주택을 취득한 경우 감면세액 (과세표준 × 취득세율 × 75%)에 20%를 적용하여 과세합니다.

주택 유상거래 취득세율 및 부가하는 세금의 세율

구분	표준세율	8% 중과세율	12% 중과세율
취득세	1~3%	8%	12%
지방교육세	0.1~0.3%	0.4%	0.4%

알아두면 쓸모 있는 세금 상식사전

소계(85㎡ 이하)	1.1~3.3%	8.4%	12.4%
농특세	0.2%	0.6%	1%
총계(85㎡ 초과)	1.3~3.5%	9%	13.4%

주택 무상취득·원시취득에 따른 취득세율 및 부가하는 세금의 세율

구분		취득세	농특세	지방교육세	합계세율
원시취득	85㎡ 이하	2.8%	–	0.16%	2.96%
	85㎡ 초과	2.8%	0.2%	0.16%	3.16%
증여취득	85㎡ 이하	3.5%	–	0.3%	3.8%
	85㎡ 초과	3.5%	0.2%	0.3%	4.0%

세알못 : 전용면적 100㎡인 아파트를 5억 원에 유상거래로 취득한 경우 전체 세금은요?

택스코디 : 다음과 같습니다.

- 취득세: 5억 원 × 1% = 500만 원
- 지방교육세: 5억 원 × 0.1% (1% × 50% × 20%) = 50만 원

- 농어촌특별세: 5억 원 × 0.2% (2% × 10%) = 100만 원
- 총 내야 할 세액: 650만 원

세알못 : 1주택을 소유한 1세대가 조정대상지역에서 추가로 전용면적 100㎡인 아파트를 5억 원에 유상거래로 취득한 경우(8% 중과세율 적용) 전체 세금은 얼마인가요?

택스코디 : 다음과 같습니다.

- 취득세: 5억 원 × 8% = 4000만 원
- 지방교육세: 5억 원 × 0.4% = 200만 원
- 농어촌특별세: 5억 원 × 0.6% [(2%+4%) × 10%] = 300만 원
- 총 내야 할 세액: 4,500만 원

참고로 2023년 법이 개정되면 조정대상지역에서 두 번째 주택 취득 시 세율은 4%로 내려갑니다.

생애최초 주택 취득세
감면제도 확대된다

2023년 계묘년(癸卯年)이 밝았습니다. 매년 그렇듯 새해 목표로 '내 집 마련'을 꿈꾸는 분들이 많을 것입니다. 그러나 고금리와 대출규제 등으로 지난해부터 집값 하락이 본격화하면서 선뜻 내 집 마련에 나서기가 쉽지 않은 상황입니다.

정부는 매수 심리가 바닥을 치면서 주택시장이 침체 되자 부동산 시장 연착륙을 위한 다양한 정책을 쏟아내고 있습니다. 특히 무주택 실수요자들의 내 집 마련을 지원하기 위해 대출과 세금혜택 등을 내놓고 있습니다. 새해 내 집 마련을 고민하는 사람들이라면 이러한 정책들을 꼼꼼히 살펴보는 것이 도움이 될 것 같습니다.

생애 첫 주택 구입자는 200만 원 한도 내에서 취득세가 면제됩니다. 기존 생애최초 주택 취득세 감면제도는 부부 합산 연소득 7,000만 원 이하 가구를 대상으로 수도권 4억 원, 비수도권 3억 원 이하 주택을 구입할 때에만 주택 가격에 따라 취득세를 감면했습니다. 그러나 집값 상승 등으로 국민이 정책 효과를 체감하기 어려워지자 정부는 2022년 6월 '부동산 정책 정상화 과제'를 통해 생애 첫 주택 구입자라면 소득과 주택가격에 상관없이 200만 원 한도 내에서 취득세를 면제하기로 했습니다.

또 기존에는 3개월 내 입주하지 않으면 취득세 감면분을 추징했지만, 임대차 권리관계에 따른 입주지연을 입증하는 경우에는 추징대상에서도 제외하기로 했습니다.

세알못 : 취득세 감면을 받기 위해 주의할 점은 무엇이 있나요?

택스코디 : 몇 가지 유의할 점이 있습니다. 생애 최초 주택 취득세 감면혜택은 실거주자에게만 주어진다는 걸 꼭 알아야 합니다. 본인이 직접 살지 않고 전·월세를 내주거나 하면 감면 혜택을 받지 못한다는 얘기입니다.

가령 A 씨가 3억 원짜리 수도권 아파트를 생애 최초로 산 뒤 본인이 실제 거주까지 하면 일반세율의 절반인 0.5% 세율을 적용받아 취득세로 150만 원을 내고 추후 이를 전액 돌려받을 수 있습니

알아두면 쓸모 있는 세금 상식사전

다. 그런데 어떤 이유든 본인이 실제 거주하지 않으면 일반세율을 적용받아 취득세로 300만 원을 내야 합니다. 당연히 법이 개정된 뒤에도 200만 원을 돌려받지 못합니다.

> 세알못 : 만약 A 씨가 본인이 실거주 하겠다면서 취득세로 150만 원만 냈는데, 3개월 내 실제 들어가 살지 않으면 어떻게 될까요?

> 택스코디 : 지자체는 전입신고 서류를 통해 실제 거주 여부를 확인합니다. 그런데 다른 사람이 사는 게 드러나면 지자체는 감면해 준 취득세 150만 원 추징에 나섭니다.

> 세알못 : 만약 본인이 새로 산 집에 들어가려고 했지만, 해당 주택에 세 들어 사는 임차인이 다른 집을 구하지 못하는 등의 사정으로 부득이 입주가 늦어지는 경우에 어떻합니까?

> 택스코디 : 정부는 이런 사유에 해당하면 취득세 감면분을 추징하지 않겠다고 했습니다. 이는 시행령 개정 사항이라 정부가 조문만 고치면 바로 시행할 수 있습니다. 대략 2023년 1월 1일부터 시행될 예정입니다.

이 규정은 임차인의 임대차 계약종료일을 전입 시작일로 삼습니다. 가령 10월에 집을 산 이는 규정상 3개월 뒤인 내년 1월까지 입주를 해야 하지만, 해당 집에 사는 임차인의 계약이 내년 2월 끝난다면 그날을 기준으로 3개월 뒤까지 입주를 허용한다는 것입니다.

PART 02

알아두면 쓸모 있는
1주택자 세금 상식

보유만 해도
내야 하는 세금:

재산세

보유세, 부동산을 가지고 있으면 무조건 내야 하나?

보유세는 토지나 건물을 보유하기만 해도 내야 하는 세금입니다. 보유세에는 대표적으로 재산세와 종합부동산세가 있습니다. 재산세는 지방자치단체가 종합부동산세는 중앙정부가 부과하는 세금입니다. 이 둘의 세금은 매년 6월 1일 소유자가 내야 합니다.

세알못 : 그럼 보유세는 부동산을 가지고 있으면 무조건 내야 하나요?

택스코디 : 먼저 재산세와 종합부동산세의 과세 방법에 대해 살펴봅시다.

재산세는 국내에 소재하는 건물과 토지 그리고 선박 및 항공기가 과세대상입니다. 하지만 종합부동산세는 재산세 과세대상 중 주택 그리고 토지에 대해서만 과세하며 그 범위를 다음과 같이

한정하고 있습니다.

- **건물:** 아파트, 주거용 오피스텔, 단독주택 (이외 상가빌딩, 공장, 별장은 제외) 이 과세대상

- **토지:** 종합합산 토지 (나대지와 임야 등), 별도합산 토지 (상가 부속토지 등)만 종합부동산세 과세대상이 되며 농지, 과수원, 골프 장, 기준면적 이내의 공장 용지 등은 제외

- **기타:** 재건축입주권, 일정한 요건을 갖추 임대사업용 주택과 기숙사 등도 과세대상에서 제외

다음으로 과세방식을 살펴봅시다. 재산세는 과세물건별로 과세 표준 (공시가격 × 공정시장가액비율)에 재산세율을 곱해 계산합니 다. 여기서 공시가격은 아파트는 기준시가, 토지는 개별공시지가, 단독주택은 개별주택가격을 말합니다. (실무적으로는 기준시가로 불 러도 상관없습니다.) 또 공정시장가액비율은 일종의 과표 현실화 장치로 주택은 40~80% 사이에서 정부가 매년 결정합니다.

재산세율은 과세물건별로 다양한데 주택의 경우에는 과세표준 이 6,000만 원 이하까지는 0.1%, 6,000만 원~1억 5,000만 원 이하 는 0.15% (누진공제액 3만 원), 1억 5천만 원~3억 원 이하는 0.25%

(누진공제액 18만 원), 3억 원 초과는 0.4% (누진공제액 63만 원)입니다.

종합부동산세는 과세물건별로 '공시가격 - 종합부동산세 과세 기준금액'에 공정시장 가액비율을 곱한 과세표준에 종부세율을 곱해 계산합니다. 여기서 종합부동산세 과세 기준금액은 주택과 종합합산 토지(나대지 등)는 개인별로 합산한 기준시가가 각각 9억 원 (종전 6억 원, 단독명의 1주택자는 12억 원)과 5억 원, 별도합산 토지 (상가 부속토지 등)는 80억 원을 말합니다. 따라서 주택의 경우 기준시가가 9억 원 (또는 12억 원)을 넘어야 종합부동산세가 부과됩니다.

2023년부터 조정대상지역 내 주택을 두 채 이상 보유한 다주택자는 중과세율(1.2~6.0%)이 아닌 일반세율(0.5~2.7%)을 적용받게 됩니다. 과세표준 12억 원이 넘는 3주택자부터는 최고세율이 5%로 낮아집니다.

보유세 과세방식이 기준시가에 연동하고 과세 구조가 대폭 바뀌게 되면 세금이 큰 폭으로 증가 될 가능성이 있습니다. 그래서 보유세 납부액 증가를 제한하기 위해 세 부담 상한 제도를 두고 있습니다. 예를 들어 전년도에 낸 재산세가 10만 원이고 올해 재산세 상한율이 130%라면 올해는 13만 원 (10만 원 × 130%)을 한도로 내면 된다는 것입니다. 참고로 재산세의 상한율은 130% (6억 원 이하 주택은 105~110%)이고 종부세는 150%입니다.

재산세에 부가되는
세금이 있다

부동산 보유세는 자진 신고하는 세금이 아니라 고지된 세금을 납부만 하면 됩니다. 보유세는 매년 6월 1일 현재 소유권을 가지고 있는 사람들이 내는 세금입니다.

그런데 재산세나 종합부동산세의 과세대상 선정, 과세방식이 잘못된 경우가 종종 발생합니다. 가령 지목은 대지인데 실제 농지로 사용하고 있다면, 농지로 변경하여 보유세를 내면 세금이 줄어들게 됩니다.

그러므로 보유세 납부 고지서를 받았다면 고지서를 꼼꼼히 살펴보는 습관이 중요합니다.

집을 보유하게 되면, 매년 하반기에는 보유세를 챙겨야 합니다. 7월과 9월에 재산세 고지서가 나오고, 고가주택 집주인은 12월에 종합부동산세 고지서를 받게 됩니다. 수도권 아파트를 보유한 집주인들이 실제로 얼마의 세금을 내게 되는지 계산해 볼까요.

세알못 : 공시가격 1억 원인 주택을 한 채만 가지고 있는데 재산세는 얼마나 나올까요?

택스코디 : 공시가격 1억 원에 공정시장가액비율 60%를 적용하면 과세표준은 6,000만 원이 됩니다. 과세표준 6,000만 원에 대한 세율 0.1%를 계산하면 재산세는 6만 원입니다.

여기에 도시지역분 (재산세 과세표준의 0.14%)과 지방교육세 (재산세액의 20%)까지 포함하면 실제로 부담하는 보유세는 총 156,000원입니다. 공시가격이 2억 원이면 보유세 348,000원을 내며, 공시가격 3억 원 주택의 보유세는 576,000원으로 계산됩니다.

세알못 - 도시지역분과 지방교육세가 추가되는 건가요?

택스코디 - 재산세에 부가되는 세금입니다. 다음과 같습니다.

1. 재산세 도시지역분
지방자치단체장은 주택이 소재한 지역이 지방의회의 의결을 거쳐 고시한 재산세 도시지역분 적용대상 지역이라면, 지방자치단체 조례에 따라 별도의 세율을 적용한 세액을 원래의 재산세액과 합산하여 부과할 수 있습니다.

알아두면 쓸모 있는 세금 상식사전

재산세 도시지역분 산출세액 = 주택 재산세 과세표준 × 1.4 / 1,000

2. 지방교육세

주택 재산세는 지방교육세가 함께 부과됩니다. 지방교육의 질적 향상에 필요한 지방교육 재정 확충을 위한 재원을 확보하기 위해 부과되는 세금이며, 재산세 납세의무자는 재산세액의 20 / 100에 상당하는 지방교육세를 내야 하며, 재산세 고지서에 지방교육세가 함께 기재되어 같이 발송됩니다.

지방교육세 = 재산세 납부세액 (도시지역분 제외) × 20%

거둬들인 재산세는
어디에 쓰이나?

집을 살 때 내는 취득세를 세무서에 물어보면 이런 답변이 돌아옵니다. "저희는 소관 부처가 아닙니다. 시군구 담당자에게 문의해주세요." 세무공무원이 이렇게 답변할 수밖에 없는 이유는 소관 부처가 다르기 때문입니다.

대한민국 국민으로서 내야 할 세금은 크게 두 분야로 나뉩니다. 국가에 내야 할 세금인 '국세'와 지방자치단체에 내는 '지방세'가 있습니다. 국세는 국세청 (세무서)이 걷고, 지방세는 시·군·구청 소관입니다.

국세는 총 14개 세목으로 분류합니다. 개인이 번 돈에 세금을 내는 '소득세'와 기업이 이익에 대해 내는 '법인세'가 대표적이죠. 상품을 구매할 때 내는 '부가가치세'까지 합쳐 3대 세목이 전체 국세의 70% 이상을 차지합니다.

또 고가의 부동산을 보유했다면 '종합부동산세'를 내고, 재산을 물려받을 땐 주는 사람의 생사(生死)에 따라 '증여세'와 '상속세'를 내야 합니다. 자동차나 사치품을 살 땐 '개별소비세', 주유소에서 휘발유와 경유를 넣을 땐 '교통에너지환경세'가 구매 가격에 포함됩니다. 그리고 술을 살 때 따라오는 '주세'와 부동산 등기할 때 내는 '인지세', 주식을 팔 때 붙는 '증권거래세'도 있습니다. 다른 세금에 일정 비율로 기생해서 따라붙는 '교육세'와 '농어촌특별세'는 부가세(Sur-tax)라고도 합니다.

국경을 넘어 물건을 들여올 때 내는 관세도 국세의 일종으로 분류하며, 관세청 소속 세관에서 징수를 담당합니다. 국세청 입장에서는 관세를 뺀 13개의 소관 세목을 '내국세'라고 부르기도 합니다.

지방세는 국세와 비교해 조금 더 생활에 밀착된 세금들로 총 11개가 있습니다. 세대주나 사업주가 내는 '주민세'와 자동차 소유주가 내야 하는 '자동차세'가 대표적입니다. 부동산을 구입할 땐 '취득세', 보유하고 있다면 '재산세'를 냅니다. 경마장 입장료에서 떼는 '레저세', 담배 살 때 붙는 '담배소비세', 인지세의 지방세

버전인 '등록면허세'도 지방세의 한 축을 담당하고 있습니다. 지하수나 발전소 등 자원을 이용하는 사람들은 '지역자원시설세'를 내야 합니다. 다른 세금을 낼 때 자동으로 따라붙는 '지방소득세', '지방소비세', '지방교육세'도 있습니다.

세알못 : 매년 꼬박꼬박 내야 하는 재산세는 도대체 어디에 쓰이는 건가요?

택스코디 : 재산세는 말 그대로 납세자가 소유한 재산의 경제적 가치에 세금 부담능력이 있다고 인정해 부과하는 세금입니다. 재산세는 지방세 중 하나로 해당 자치단체의 살림살이에 필요한 재원을 마련하기 위해 지역주민에게 부과·징수하는 세금입니다.

국세가 국민전체의 복지와 사회 안전, 국방을 위해 쓰인다면, 지방세는 해당 지역의 상하수도나 도로 등 생활에 밀접한 공공서비스의 재원으로 사용됩니다. 즉 보도블록을 새로 깔고, 신호등을 교체하는 사업의 재원으로 활용된다는 것입니다.

모든 재산이 재산세 과세대상이 되는 것도 아닙니다. 지방세법에 따라 토지, 건축물, 주택, 선박, 항공기 등이 부과 대상이 됩니다. 토지는 다시 종합합산과세대상, 별도합산과세대상, 분리과세대상(합산배제)으로 세분화합니다.

별도합산과세대상은 공장용 건축물의 부속토지나 건축물 부속토지, 차고용 토지, 보세창고용 토지, 시험·연구·검사용 토지, 공지상태나 해당 토지의 이용에 필요한 시설 등을 설치해 업무 또는 경제 활동에 활용되는 17종의 토지입니다.

또 분리과세대상(합산배제)은 공장 용지·전·답·과수원 및 목장 용지, 산림의 보호 육성을 위해 필요한 임야 및 종중 소유 임야, 골프장용 토지와 고급오락장용 토지, 공장의 부속토지로서 개발제한구역으로 지정하기 전에 취득이 완료된 토지 등 38종입니다.

다음으로 종합합산과세대상은 별도합산과세대상과 분리과세대상을 제외한 토지라고 생각하면 됩니다.

오피스텔은 주택으로
재산세가 부과되나?

주택을 보유하면 내는 재산세는 가진 재산을 담세력으로 판단하여 지방자치단체별로 과세하는 지방세입니다. 재산세는 토지, 건축물, 주택 등에 부과되는데, 이 중 주택에 대해 부과되는 재산세를 '주택 재산세'라고 합니다.

주택이란 세대의 구성원이 장기간 독립된 주거 생활을 영위할 수 있는 구조로 된 건축물의 전부 또는 일부와 그 부속토지를 말합니다.

주택을 유형별로 구분하면 단독주택과 공동주택으로 나뉘고, 공동주택은 아파트나 연립주택, 다세대주택이 해당하며, 여러 세대가 하나의 건축물 안에서 각각 독립된 주거 생활을 영위할 수 있는 구조로 된 주택을 말합니다. 그 외에는 단독주택 (단독주택,

다가구주택, 다중주택)입니다.

　다가구주택은 1가구가 독립하여 구분 사용할 수 있도록 분리된 부분을 1구의 주택으로 봅니다. 다가구주택은 건축법상 단독주택으로 구분되고 공시가격은 주택 전체를 기준으로 산정됩니다. 이 경우 재산세는 가구별로 안분해서 과세표준과 세율을 적용합니다.

　하나의 건축물이 주거와 주거 외의 용도에 겸용되는 경우에는 주거용에 사용되고 있는 부분만을 주택으로 보며 부속토지는 주거와 주거 외의 용도에 사용되고 있는 건물의 면적비율에 따라 각각 안분해서 주택의 부속토지와 주택 외의 건물의 부속토지로 구분합니다.

　무허가 건축물은 주거용으로 사용해도 무허가 면적이 전체의 50%를 초과하는 경우, 건축물은 주택으로 보지 않고 부속토지는 종합합산과세 합니다. 다만 2021년에 주택으로 재산세가 부과된 무허가 건축물은 계속하여 주거용으로 사용하는 경우에는 주택으로 부과합니다.

세알못 : 주택은 없고 주택이 소재한 곳의 토지만 가지고 있는 경우에도 주택 재산세를 내야 하나요?

택스코디 : 네, 세대 구성원이 장기간 독립된 주거 생활을 영위할 수 있는 구조로 지어진 건축물과 그 부속토지까지를 주택의 범위에 포함합니다.

세알못 : 등기가 되지 않은 무허가 건물을 갖고 있는데 재산세를 내야 하나요?

택스코디 : 재산세는 사실 현황에 따라 과세하기 때문에 공부에 등재가 되어 있지 않아도 재산세가 부과됩니다.

세알못 : 오피스텔을 주거용으로 사용하는데, 주택으로 재산세가 부과되나요?

택스코디 : 일반적으로 오피스텔은 건축물로 부과되지만, 현황 과세의 원칙에 따라 주거용으로 사용하는 경우에 납세자의 신청으로 주택으로 과세하고 있습니다. 관할 지방자치단체에 주거 사실을 증명할 수 있는 자료(주민등록, 사업자등록, 취학 여부, 수도·전기·가스 사용 현황 등)와 함께 재산세 변동신고를 접수해 주택 재산세 분류를 신청할 수 있습니다.

참고로 오피스텔은 팔기 전에도 꼼꼼히 따져 봐야 합니다. 주거용 오피스텔은 1가구 1주택 비과세나 다주택자 중과를 판단할 때 보유 주택에 포함돼 판단합니다. 가령 주택 한 채와 주거용 오피스텔을 한 채 갖고 있다면 2주택자로 간주해 양도소득세 비과세 혜택을 받을 수 없습니다. 또 업무용이라고 하더라도 사실상 주택으로 사용하는 경우에는 주택으로 봅니다. 종합부동산세를 산정할 때도 오피스텔은 주택과 같게 취급하고 있습니다. 하지만 오피스텔을 실제로 업무용으로 사용하면 주택에 포함되지 않습니다.

1세대 1주택자는
재산세가 줄어든다

주택 재산세는 주택의 공시가격을 기준으로 부과됩니다. 최근 공시가격이 급격히 상승하다 보니 세 부담 증가의 폭도 너무 커지는 문제가 생겼습니다. 그래서 2021년부터는 1세대 1주택자에 한해 특별히 낮은 재산세율을 적용하고 있습니다. 바로 1세대 1주택 특례세율이라고 합니다.

주택 재산세는 공시가격의 60%인 과세표준을 4개 구간으로 나눠서 구간별로 0.1%~0.4%의 재산세율을 곱해서 산출하도록 설계돼 있습니다.

공시가격 기준으로 1억 원 이하는 0.1%, 1억~2억 5,000만 원 이하는 0.15%, 2억 5,000만 원~5억 원 이하는 0.25%, 5억 원 초과는 0.4% 세율을 적용합니다.

그런데 공시가격 9억 원 이하인 주택 1채만 보유하고 있는 1세대 1주택자는 구간별로 0.05%p 낮은 세율을 적용합니다. 구간별로 0.05%, 0.1%, 0.2%, 0.35% 세율을 곱해서 계산하는 것이죠. (단, 공시가격 9억 원 초과 주택은 1세대 1주택이더라도 다주택과 마찬가지로 0.1~0.4% 세율로 재산세를 부담합니다.)

표준세율과 특례세율 비교

과표	표준세율 (공시가 9억 초과 · 다주택자 · 법인)	특례세율 (공시가 9억 이하 1주택자)
0.6억 이하	0.1%	0.05%
0.6~1.5억 이하	6만 원+0.6억 초과분의 0.15%	3만 원+0.6억 초과분의 0.1%
1.5~3억 이하	19.5만 원+1.5억 초과분의 0.25%	12만 원+1.5억 초과분의 0.2%
3~5.4억 이하	57만 원+3억 초과분의 0.4%	42만 원+3억 초과분의 0.35%
5.4억 초과		–

세알못 - 다주택자가 주택을 모두 처분하고 1세대 1주택자가 되면 특례 세율을 적용받을 수 있나요?

택스코디 : 2주택자나 3주택 이상의 다주택자라 하더라도 보유 주택을 팔고(등기이전 완료) 6월 1일 기준일에 1주택만 보유하고 있다면, 1세대 1주택 특례를 적용받을 수 있습니다.

이때 1세대 1주택 기준 역시 6월 1일 기준 세대별 주민등록표에 함께 기재돼 있는 가족 모두가 1주택만 소유하고 있는 경우를 말합니다.

알아두면 쓸모 있는 세금 상식사전

비과세되는 1세대 1주택자 세금

양도소득세 1

취득 시기,
양도 시기부터 이해하자

생각보다 많은 양도소득세 때문에 한숨을 쉰 적이 있나요? 혹 없었다 하더라도 부동산이 확실한 재테크로 자리 잡은 지금, 분명 앞으로 양도소득세 문제로 걱정 한두 번은 할 것입니다.

부동산 투자로 쏠쏠한 재미를 보고 있는 주변 사람들에게 자극받아, 또는 지금이 바닥이라고 생각하고 본격적으로 부동산에 뛰어든 여러분이 제일 먼저 해야 할 일은 무엇일까요? 먼저 적절한 재테크 대상을 골랐다면 자칫 거래에 치우쳐 놓칠 수 있는 세금, 세테크를 머릿속에 두고 일을 진행해야 합니다.

신문 방송을 보면 지나친 부동산 열기를 잡기 위해, 경기가 침체기에 들어서면 각종 규제가 풀리기도 합니다, 정부정책으로 정확한 정보 없이는 부동산으로 돈 벌기가 훨씬 어려워졌습니다. 허나 너무 겁먹지 않아도 됩니다. 이제부터 말하는 내용만 이해해도 부동산 투자수익률은 오를 것입니다.

양도소득이란 일정한 자산의 양도로 발생하는 소득입니다. 이런 양도소득은 부동산 매매 그 자체를 목적으로 삼아 벌어들이는 매매사업자의 사업소득과는 다릅니다.

여기서 양도란 자산에 대한 등기나 등록에 상관없이 매도·교환·현물출자 등으로 그 자산이 유상으로 이전되는 것을 말합니다. 즉 통상적인 매매뿐 아니라 부동산을 교환하거나 회사에 출자하는 등도 모두 금전거래로 보고 양도소득세를 부과한다는 것입니다.

토지·건물 등의 자산 거래는 '매매계약 체결 → 계약금 지급 → 중도금 지급 → 대금 청산 및 소유권 이전' 과정을 거칩니다.

세알못 : 거래 과정 중에서 어떤 단계를 기준으로 자산의 양도 시기나 취득 시기를 결정하나요?

택스코디 : 취득 시기와 양도 시기는 양도소득의 귀속연도 장기보유 특별공제액 크기·세율 적용 등을 결정하는 요인으로 세금의 크기에 영향을 미치므로 꼭 알아 둬야 합니다. 다음 표를 반드시 기억합시다.

유형		내용
유상취득·양도	원칙	대금을 청산한 날
	예외	대금 청산일이 분명하지 않은 때: 등기 접수일 (또는 명의개서일) 대금 청산 전에 이전등기를 할 때: 등기 접수일
상속 또는 증여로 취득		상속: 상속이 개시된 날 증여: 증여받은 날

통상적인 매매를 했다면 취득·양도 시기는 잔금 지급일이 되지만, 그 이전에 소유권 이전 등기가 이뤄졌다면 등기 접수일이 취득·양도 시기가 되는 것 또한 알아 둬야 합니다.

잘 챙긴 양도 시기 하루 이틀이 세금을 얼마나 줄여주는지, 예를 들어 살펴볼까요. 양도소득세가 부과되는 부동산을 팔아 5천만 원의 차익을 얻을 수 있다고 할 때, 부동산 보유 기간이 2년 이상인 경우와 하루 모자라 2년이 안 되는 경우 세금 차이는 어떻게 될까요? 양도차익만을 가지고 소득세 산출세액을 구해보면 다음과 같습니다. (참고로 주택은 보유 기간이 1년 미만이면 70%, 1~2년 미만이면 60%, 2년 이상이면 6~45% 세율이 적용됩니다.)

- 보유 기간이 2년 이상일 때 세금: 5천만 원 × 24% − 522만 원 (누진공제액) = 678만 원
- 보유 기간이 2년 미만일 때 세금: 5천만 원 × 60% = 3천만 원

이처럼 고작 하루 차이로 인해 세금은 엄청난 차이가 나게 됩니다. 따라서 양도시기를 잘 통제해야 합니다. 매매계약서상 잔금지급일과 등기접수일 둘 가운데 빠른 날로 보는 취득 시기는 이미 결정되었으므로 절세를 위한 기간 조정은 양도시기로 해야 합니다. 보유기간 등이 세금에 영향을 미칠 때는 잔금지급 시기나 소유권 이전 등기 시기를 잘 조절해야 합니다.

집을 사면
꼭 거주해야 하나?

거주요건이란 세법을 적용할 때, 그 집에서 직접 거주해야 세금 혜택을 준다는 걸 말합니다. 이때 거주는 주소만 되어있는 것이 아니라 실제 거주해야 합니다. 만약 주소만 되어있고 실제 거주하지 않으면 원칙적으로 거주요건을 지키지 않은 것입니다.

세알못 : 그럼 거주는 누가 해야 하는 건가요?

택스코디 : (일단 세대가 분리되지 않는 한) 가족 모두 거주해야 합니다. 다만 직장이나 학업, 병역 등의 문제로 부득이하게 거주하지 못한 경우에도 거주한 것으로 인정합니다.

세알못 : 거주를 해야 유리한 경우는요?

택스코디 : 다음과 같습니다.

먼저 1세대가 1주택에 대한 양도소득세 비과세를 적용받을 때 거주 요건이 필요합니다. 다만 모든 지역에 적용되는 것이 아니라 서울 등 조정대상지역 내의 주택에 대해서만 이 요건이 적용됩니다. (2017년 8월 2일 이전에 취득한 주택들에 대해서는 이 요건을 적용하지 않습니다.)
또 1주택자라도 고가주택에 대해서는 과세가 되는데, 이때 부과되는 양도차익에 대해서는 장기보유특별공제가 최대 80%가 적용됩니다. 하지만 2020년은 2년 이상 거주, 2021년 이후는 10년 이상 거주해야 최대 80%가 적용됩니다.

그런데 다주택자들은 이런 비과세 혜택을 받을 수 없습니다. 하지만 정부는 주택임대업 활성화를 위해 다음과 같은 요건을 충족하면 본인이 거주한 주택에 대해서는 비과세를 적용받을 수 있게 했습니다.

구분	가액	임대 기간	거주 기간
임대주택	임대 개시일 당시 기준시가 6억 원 (수도권 밖은 3억 원) 이하	5년 이상	
거주 주택			2년 이상(등록 전 기간도 인정)

주택임대사업자에 대한 이런 혜택은 큰 메리트가 되고 있습니다. 다만 임대주택사업자가 2019년 2월 12일 이후 신규로 취득한 거주용 주택은 2년 거주 시 양도소득세 비과세를 적용받을 수 있지만, 그 이후 취득해 거주한 주택은 더는 비과세를 적용받을 수 없습니다. 평생 1회만 비과세를 가능하도록 세법이 개정되었기 때문입니다. 그런데 이때 2019년 2월 12일 이전에 취득해 비과세를 적용받았다면 이날 이후에 취득한 주택은 비과세가 적용되지 않는다는 점도 기억해야 합니다.

세알못 : 거주요건을 지키지 않으면 어떤 불이익이 생기나요?

택스코디 : 세금이 부과됩니다. 거주요건이 적용되는 지역에서 2년 이상 거주하면 세금이 없을 수 있지만, 이를 지키지 않으면 과세가 되고 다음과 같습니다.

구분	거주 요건 적용 지역	거주 요건 충족 시	거주 요건 불충족 시
1. 1세대 1주택	조정대상지역	비과세	과세
2. 주택임대사업자	전국	비과세	과세 (중과세 가능)

먼저 1번의 경우 양도차익 1억 원이 발생했을 때, 비과세를 적용받는 상황과 세금이 부과될 때 차이는 다음과 같습니다. (과세

시 장기보유특별공제는 10%를 받는다고 가정)

구분	비과세	과세
양도차익		1억 원
장기보유 특별공제		1,000만 원
= 양도소득금액		9,000만 원
× 세율		35%
누진공제		1,490만 원
= 산출세액	0원	1,660만 원

2번의 경우에는 조금 더 세금이 증가할 수 있습니다. 중과세가 적용될 수 있기 때문입니다. (단, 중과세가 적용되는 경우 장기보유특별공제는 적용받을 수 없고 세율은 55%가 적용된다고 가정합시다.)

구분	비과세	과세	
		일반과세	중과세
양도차익		1억 원	1억 원
−장기보유 특별공제		1,000만 원	0원
=양도소득금액		9,000만 원	1억 원
×세율		35%	55%
−누진공제		1,490만 원	1,490만 원
=산출세액	0원	1,660만 원	4,010만 원

양도세, 비과세를 적용받으려면
어떻게 해야 하나?

세알못 : 35살 직장인이며 경남 양산에 제 명의로 된 주택을 1채 가지고 있습니다. 그 집은 2년 이상 전세를 주고 부모님과 함께 살고 있습니다. 이런 상황에서 양산에 있는 집을 팔면 양도세가 부과되나요? 비과세를 적용받으려면 어떻게 해야 하나요?

택스코디 : 주택을 팔면서 세금(양도소득세)을 내지 않으려면 '1세대가 1주택을 2년 이상 보유'해야 합니다. 2017년 8월 3일 이후 조정대상지역에서 주택을 취득하면 2년 이상 거주해야 합니다. 1세대 1주택자가 양도소득세 비과세를 적용받기 위한 조건은 다음과 같습니다.

1. 대상이 주택이어야 한다.

주택이란 주거용 건물로서 문서상의 용도가 아닌 사실상의 용도로 판정합니다. 예를 들어 오피스텔이 서류에 사무실로 기재되어 있더라도 실제 거주용으로 사용한다면 그 오피스텔을 주택으로 본다는 것입니다.

2. 1세대를 대상으로 한다

1세대란 배우자와 기타 가족이 생계를 같이하고 있는 집단을 말합니다. 이런 가족 구성원들을 통틀어 1세대로 보는데, 판정은 주민등록등본을 통해 이뤄집니다. 다만 배우자가 없더라도 30세 이상이거나 중위소득 40% 이상 소득세법상 소득이 있다면 1세대로 인정됩니다. 만약 부모님이 따로 살고 있지만, 건강보험 등의 이유로 주민등록을 옮겨 놓은 상태에서 집을 양도하면 1세대 1주택으로 보지 않을 수 있어 세금이 부과될 수도 있습니다.

또 양도일 전부터 다른 주택 등이 없는 상태에서 1주택만 보유해야 합니다. (일시적 2주택 비과세 특례는 다음 장에서 살펴봅시다.)

3. 2년 이상 보유 및 거주해야 한다

1세대 1주택 비과세를 적용받기 위해서는 원칙적으로 2녀 이상 주택을 갖고 있어야 합니다. (조정대상지역에서 취득했다면 2년 거주요건도 갖추어야 합니다.) 다만 다음과 같은 경우에는 2년 보유 및 거주요건을 적용하지 않습니다.

공공사업으로 양도나 수용된 경우, 세대 전원이 국외 이주 등으로 부득이 양도한 경우 (출국 후 2년 내 매각), 임대주택법에 따라 임대주택에 5년 이상 거주한 후 분양받아 양도한 주택, 취학, 1년 이상의 질병 치료, 근무 형편 (사업상 형편은 아님)으로 1년 이상 살던 주택을 팔고 세대원 모두 다른 시·군·구 지역으로 이사할 때.

그렇다면 세알못 씨가 소유한 주택은 세금이 부과될까요? 위 내용을 바탕으로 하나씩 적용해 보며 살펴봅시다.

- **1번, 주택인가?** → 세알못 씨 부동산은 주택입니다.

- **2번, 1세대 1주택인가?** → 부모님과 함께 1세대를 이루고 있으므로 1세대 2주택이 됩니다. 따라서 본인 소유 양산 주택을 팔 때 양도소득세가 부과됩니다. 하지만 근로소득이 있으므로 세대 분리를 하면 1세대로 인정됩니다. 그러므로 세대를 분리해 1세대로 만들면 비과세를 적용받을 수 있습니다.

- **3번, 2년 이상 보유 및 거주했나?** → 2년 이상 전세를 주고 있었으므로 보유 요건을 갖추었습니다. 양산은 취득 당시 조정대상지역이 아니므로 거주요건과는 무관합니다.

부득이한 사유로 주거이전에 따른 비과세 특례, 어디까지 인정해주나?

세알못 : 1가구 1주택 비과세 규정은 원칙적으로 2년 보유 및 거주요건을 충족해야 한다고 알고 있습니다. 이런 비과세 혜택을 계획하고 집을 샀지만, 보유·거주 요건을 채우지 못한 상태에서 이직 등 부득이한 사유가 발생한다면 비과세 혜택을 받을 수가 있나요?

택스코디 : 소득세법은 이런 부득이한 사유에 대해 비과세를 적용받을 수 있도록 특례를 마련해 두었습니다. 먼저 '부득이한 사유의 발생'은 현주소지에서 통학, 출·퇴근이 불가능한 경우를 말합니다. 주거 이전 전후의 소요 시간·비용 등을 종합적으로 판단할 사항입니다. 사유 해당 여부를 제한적으로 해석하고 있고 다음과 같습니다.

  1. 취학은 초·중·고등교육법에 따른 학교에의 취학을 의미하지만, 특수학교를 제외한 초등학교 및 중학교는 대상이 되지 않습니다. 고등교육법에 따른 대학원의 취학은 적용될 수 있고 국외학교

알아두면 쓸모 있는 세금 상식사전

에 취학하는 경우에는 국내학교의 경우와 같게 판단합니다.

2. 근무상 형편의 사유에는 다른 직장으로의 이직과 같은 직장의 전근 등 모두 포함됩니다. 하지만 자영업자의 사업장 변경은 제외되므로 유의해야 합니다. 국외로 발령 나는 일에 대한 특례는 별도로 규정하고 있으므로 해당 특례에 국외 이주는 포함되지 않는 겁니다.

3. 치료 및 요양의 사유는 1년 이상의 치료나 요양해야 하는 질병의 치료 또는 요양인 경우를 의미합니다. 이때 출산을 위한 치료 및 요양도 포함될 수 있습니다.

보유·거주기간 특례는 부득이한 사유가 발생하기 전에 취득한 주택만 적용됩니다. 분양으로 취득하는 아파트 취득 시기는 분양 잔금 납부일입니다. 만약 계약은 했지만, 잔금 납부 전 부득이한 사유가 발생한 경우에는 적용 가능 여부에 대한 해석이 나뉩니다.

또 보유·거주기간 특례를 적용받기 위해서는 해당 주택에서 1년 이상 거주를 해야 합니다. 따라서 1년 보유만 하고 거주하지 않았다면 적용받을 수 없습니다. 거주기간 계산은 해석의 여지가 있지만, 취득일부터 양도하는 날까지의 보유 기간 중 거주한 기간을 기준으로 판단합니다.

비과세 규정에서 거주란 원칙적으로 가구 전원이 거주하는 것을 의미합니다. 따라서 가구원 중 일부가 함께 거주하지 않았으면 거주기간에서 제외되지만, 가구원 중 일부 (소유주 포함)가 부득이한 사유로 일시 퇴거한 때에도 거주요건을 충족한 것으로 보고 있습니다.

그리고 부득이한 사유로 인해 가구 전원이 주거를 이전해야 한다면 원칙적으로 다른 시·군으로 이전해야 하며, 시에는 특별시와 광역시를 포함합니다. 따라서 같은 특별시와 광역시의 구와 구 간의 이전은 해당하지 않습니다. 다만 같은 시 안에서 이전하는 때가 있습니다. 광역시 안에서 구 지역과 읍·면 지역 간에 이전 등입니다.

또 가구 전원이 거주지를 이전해야 올바르지만, 당사자 외 가구원 중 일부가 취학, 근무 또는 사업상의 형편 등으로 당사자와 함께 주거를 이전하지 못하는 때에도 가구 전원이 주거를 이전한 것으로 판단합니다.

마지막으로 부득이한 사유로 인해 주거이전의 경우 종전 주택의 양도 시기는 부득이한 사유가 발생한 후에서 부득이한 사유가 해소되기 전에 양도해야 합니다. 규정의 취지가 단기간 내 해소되지 않는 부득이한 사유로 보유 및 거주기간을 충족하지 못하는 경우를 해소하기 위한 것이므로 만약 부득이한 사유가 해소됐다면 해당 특례를 적용받을 수 없습니다.

취학, 이직, 요양 등 부득이한 사유로 주거이전에 따른 비과세 특례의 경우 사례가 다양하고 모든 내용을 법에서 규정하고 있지 않으므로 사실관계에 맞춰 사전에 충분한 검토가 필요합니다.

요건	내용	
부득이한 사유의 발생	취학 (재학증명서)	초등학교, 중학교 제외
	이직 등(근무상 형편, 재직증명서, 고용계약서)	이직, 동일한 직장 전근 포함 (자영업 제외)
	치료 및 요양 (진단서, 요양증명서)	1년 이상의 치료 및 요양
사유 발생 전 취득	부득이한 사유가 발생한 뒤에 주택을 취득한 경우 적용 제외	
1년 이상 거주	취득일~양도일 기간 중 세대 전원이 1년 이상 거주 (부득이한 사유로 세대원 일부 퇴거 포함)	
세대 전원의 주거 이전	세대 전원이 다른 시·군으로 주거 이전 (부득이한 사유로 당사자 외의 세대원이 함께 이전하지 못하는 경우 포함)	
양도기한	부득이한 사유 발생 후~부득이한 사유 해소 전	

일시적 2주택자도
세금이 없다

일시적으로 2주택을 보유하게 되었을 때 비과세를 해 주는 제도를 '일시적 2주택 비과세 제도'라고 합니다. 원래 1세대 2주택자가 되면 과세하는 것이 원칙입니다. 하지만 이사 등을 갈 때 부득이하게 2주택이 된 경우가 많아 이를 지원해 줄 필요가 있습니다. 다만 다음과 같은 요건을 충족해야 합니다.

- 종전 주택과 새로운 주택의 취득일 사이 보유 기간이 1년 이상이 될 것
- 새로운 주택을 취득한 날로부터 3년 (2년) 내에 종전 주택을 처분할 것
- 종전 주택의 양도일 현재 비과세 요건을 갖출 것

일시적 2주택자는 신규주택 취득 후 3년 이내에 종전 주택을 처분하면 양도소득세 비과세를 적용받을 수 있습니다. 그런데 서울 등 조정대상지역에서 주택을 보유한 자가 이 지역의 주택을 취득해 일시적 2주택자가 되면 신규주택 취득 후 2년 안에 종전 주택을 양도해야 비과세를 적용받을 수 있습니다.

현재 주택 소재 지역	새 주택 소재 지역	일시적 2주택 처분 기한
조정대상지역 내	조정대상지역 내	3년에서 2년으로 단축
조정대상지역 내	조정대상지역 밖	3년 3년 3년
조정대상지역 밖	조정대상지역 내	
조정대상지역 밖	조정대상지역 밖	

일시적 2주택 비과세 제도는 상당히 좋은 제도에 해당하나, 요건 등을 갖추지 못해 비과세를 적용받지 못하면 세금이 부과됩니다. 그런데 이런 과세 형태는 일반과세 또는 중과세로 귀결될 수 있습니다. 일반과세는 6~45%의 세율이 적용되는 한편 장기보유특별공제가 적용되나, 중과세는 세율이 6~45%에 20~30%p가 가산되고 장기보유특별공제가 적용되지 않습니다.

세알못 : 2012년 10월에 대구시 내 주택 한 채 (A 주택)를 취득했습니다. 이후 2019년 2월에 또 다른 주택 (B 주택)을 취득했고, 그해 10월엔 경상북도 청도군 내 농어촌주택 (시골집)을 매수했습니다. 2021년 12월에 A 주택을 처분할 계획을 세웠습니다.

저와 같이 일시적 2주택을 보유한 1세대가 (조세특례제한법(99조4)를 충족하는) 농어촌주택을 취득하고 A 주택을 양도하는 경우 '1세대 1주택의 특례'를 적용할 수 있는가요?

택스코디 : 신규주택 산 날로부터 3년 내 기존 주택을 팔면 1주택 소유로 봅니다.

원칙대로라면 2주택 이상을 보유하다가 그중 한 채를 먼저 팔게 되면 양도소득세를 면제받지 못할 뿐 아니라 조정대상지역에 소재한 주택일 땐 오히려 중과된 세금을 맞습니다. 그러나 농어촌주택이 있다면 이야기가 달라집니다. 세법에선 일반주택 1채를 보유하다가 취득한 농어촌주택은 보유주택 수에 포함하지 않아도 되는 혜택을 주고 있습니다. 도시의 주택과 농어촌주택을 함께 보유하더라도 결국 1주택자인 셈입니다.

물론 단순히 농어촌에 집이 있다고 해서 세금혜택을 받을 수는 없습니다. 기간이나 장소, 규모 등 세법에서 정한 요건을 갖추어야 합니다. 기간만 떼어내서 보면, 2003년 8월 1일(고향 주택은 2009년 1월)부터 2022년 12월 31일까지 기간 내 농어촌주택을 취득해 3년 넘게 보유해야 합니다.

세알못 씨는 이 요건을 갖췄다고 합니다. 앞서 언급했듯이 그는 일시적 2주택자입니다. 이에 따라 일정 기간만 넘지 않고 기존 집을 팔면 양도차익에 대해 세금을 내지 않아도 됩니다.

정리하면 종전 주택을 취득하고 1년이 지난 후 비조정대상지역에 소재한 신규주택을 취득해서 일시적 2주택을 보유한 1세대가 조특법에 따른 농어촌주택을 취득한 경우로서, 일시적 2주택 중 종전 주택을 신규주택 취득일부터 3년 이내에 양도하는 경우에는 국내에 1개의 주택을 소유하는 것으로 봅니다. 따라서 '1세대 1주택 비과세 특례'가 적용된다는 소리입니다.

세알못 : 상속으로 일시적 2주택이 된 경우는요?

택스코디 : 일반주택 보유 중에 별도세대인 피상속인으로부터 주택 1채를 상속받을 때, 일반주택을 상속주택보다 먼저 양도하면 일반주택이 비과세됩니다.

세알못 : 부모님을 모시기 위해 합가하면요?

택스코디 : 1주택을 보유한 자녀가 1주택을 보유한 만 60세 이상 부모 (중증질환이 있는 직계존속은 연령 요건을 적용하지 않음)와 합가한 뒤 합가일로부터 10년 이내 양도하는 1주택은 비과세가 됩니다. 합가일 기준 만 60세 이상을 충족해야 하고, 세대가 분리된 상태에서 합가하는 경우만 인정되며, 이전부터 직계존속과 계속 거주한 경우에는 적용되지 않습니다.

세알못 : 주택을 1채씩 보유한 남녀가 결혼하는 경우는요?

택스코디 : 혼인 신고일로 부터 5년 이내 양도하는 1주택은 비과세가 적용됩니다.

알아두면 쓸모 있는 세금 상식사전

양도세와 비과세
이것이 궁금하다

세알못 : 2003년 8월과 2018월 5월 각각 서울과 인천의 주택을 취득했습니다. 주택을 취득한 뒤 서울 지역은 2018년 8월, 인천 지역은 2020년 6월 조정대상지역으로 지정됐습니다. (취득 당시 비조정대상지역에 소재한 2주택을 취득) 2021년 4월 인천 주택을 양도(과세)했고, 2023년 서울의 주택도 양도하려고 합니다.

2주택 이상자는 1주택 외의 주택을 모두 처분한 경우 처분 후 1주택을 보유하게 된 날로부터 보유기간을 새로 가산한다던데, 서울의 주택 취득 당시에는 비조정대상지역으로 거주요건이 없었으나, 보유기간 재기산 시점에는 조정대상지역이면 거주요건이 새로 필요한가요?

택스코디 : 2017년 8월 3일 이후에 조정대상지역에 소재한 주택을 취득한 경우는 2년 이상 거주해야 1세대 1주택 비과세 적용이 가능하나, 사례와 같이 취득 당시 비조정대상지역에 소재하던 주택은 거주요건이 없으므로 2년 보유만 해도 비과세를 적용받을 수 있습니다. 참고로 2022년 세법개정으로 보유 기간은 취득일(종전 다주택자가 보유 주택을 처분 후 1주택을 보유하게 된 날)부터 계산합니다.

세알못 : 아버지와 동일세대로 함께 거주하던 중 2021년 7월 아버지의 사망으로 주택을 상속받았습니다. 해당 주택은 아버지가 2012년 1월 취득했습니다. 2022년 12월 상속받은 주택을 양도할 예정입니다. 주택의 보유 기간은 주택의 취득일부터 양도일까지라고 하던데, 주택을 상속받아 상속인 명의로 취득한 날로부터 2년 이상 보유해야 1세 1주택 비과세 적용을 받을 수 있나요?

택스코디 - 별도세대로부터 상속받은 주택을 양도하는 경우 상속이 개시된 날로부터 2년 이상 보유해야 1세대 1주택 비과세가 가능한 것이나, 동일세대로부터 상속받은 주택의 경우 상속인과 피상속인이 동일세대로서 주택을 보유한 기간과 상속개시 이후 상속인이 보유한 기간을 통산할 수 있습니다. 따라서 사례의 경우 2년 이상 보유하였으므로 1세대 1주택 비과세 특례 적용이 가능합니다.

참고로 세제 개편으로 시가 15억 원 상당의 집을 팔고 20억 원 상당의 집을 사는 일시적 2주택자는 3억3천만 원 안팎의 세금이 줄어듭니다. 조정대상지역 내 일시적 2주택자에 대한 새 정부의 세 부담 완화 방안이 현실에서 어떤 영향을 미치는지를 시뮬레이션한 결과입니다.

종전 주택을 8억 원에 취득해 7년을 보유·거주한 후 2022년 7월에 15억 원에 매도하는 A 씨의 경우 이사를 위해 매도일 1년 이상 이전인 2021년 5월 31일에 20억 원 상당의 주택을 매입했을 때, 기존 세제상으로는 취득세 중과세율인 8.0%를 적용해 1억

6,800만 원을 내야 했습니다. 하지만 새로운 세제를 적용할 경우 일시적 2주택자로 분류돼 표준 취득세율인 3.0%가 적용돼 이에 따른 취득세는 6,600만 원으로 세 부담이 1억200만 원 줄어듭니다.

2022년 5월 말 민생안정대책을 발표하면서 일시적 2주택자에 대한 취득세 중과(8·12%) 배제 인정 기한을 1년에서 2년으로 늘려주기로 했습니다. 이사를 위해 일시적 2주택자가 되는 경우 기존 주택의 매각 기한을 늘려주겠다는 의미입니다.

종전 주택 매입 이후 1년 2개월 만에 주택을 매각하는 A 씨의 경우 이번 제도 개편의 결과로 취득세를 중과세율이 아닌 표준세율로 적용받게 되는 것입니다.

양도소득세도 크게 줄어듭니다. 종전 규정을 적용해 일반세율을 적용할 경우 부담할 양도세가 2억3,803만 원에 달하지만, 일시적 2주택자로서 1주택 비과세 특례를 적용받으면 양도세 986만 원만 내면 됩니다. 일시적 2주택 양도소득세 특례 기한 연장(1→2년) 조치에 따른 세 부담 경감 효과는 2억2,817만 원입니다.

2022년 5월 10일 이후 양도하는 분부터는 조정대상지역 내에 일시적 1세대 2주택에 대한 비과세 특례 적용 요건을 신규주택을 취득한 날로부터 1년에서 2년으로 확대했고, 세대원 전원 이사 및 전입신고 요건도 폐지했습니다.

정리하면 취득세와 양도소득세 양 측면에서 일시적 2주택자에 대한 인정 요건을 1년에서 2년으로 완화하면서 취득세에서 1억 200만 원, 양도세에서 2억2,817만 원 등 총 3억3,168만의 세 부담을 덜게 되는 셈입니다.

팔지 말고
교환하자

최근 부동산 커뮤니티에서 아파트 교환거래를 원하는 글들이 눈에 띕니다. 본인 아파트 조건을 먼저 올린 뒤 희망 교환가격, 위치 등을 제시해 상대를 찾는 겁니다. 교환 매매는 정식 거래 방법으로 주로 일시적 2주택자들이 양도세 비과세 혜택을 받기 위해 사용하는 방식입니다.

교환 매매는 아파트를 맞교환하는 방식의 매매로 현금이 아닌 재산권을 주고받는 계약입니다. 부동산 매물 간의 교환이기 때문에 현금이나 대출 부담이 적고, 매도와 매수가 동시에 일어나 시간과 비용 모두 아낄 수 있는 거래 방식입니다.

세알못 : 그렇다면 굳이 비슷한 가치의 집을 왜 교환하려고 하는 걸까요?

앞서 본 것처럼 이사, 직장 등으로 어쩔 수 없이 1가구 2주택자가 된 이들은 취득 시점 및 양도 시점에 따른 처분기한 안에 기존 주택을 팔아야 양도소득세 비과세 혜택을 적용받습니다.

조정대상지역은 2022년 5월 31일 소득세법이 개정되면서 2019년 12월 17일 이후 신규주택을 취득하고 2022년 5월 10일 이후 종전 주택을 양도하는 경우엔 처분기한이 2년으로 연장됐습니다. 이처럼 1가구 2주택자가 일정 처분기한을 넘기면 주택 매도 때 2주택자 양도소득세를 내야 하므로 그 기한이 지나기 전에 집을 파는 게 유리합니다.

그러므로 집이 안 팔릴 때, 본인과 상황이 비슷한 1가구 2주택자의 아파트와 본인의 아파트가 시세가 비슷하고 입지 등 원하는 조건이 맞으면 주택을 교환 매매 하는 거죠.

물론 집을 파는 동시에 신규 취득하는 셈이라 취득세는 부과됩니다. 그렇지만 양도소득세 비과세 혜택이 취득세보다 더 큰 경우가 많고, 취득세는 필요경비로 인정받아 추후 양도세 계산 시 공제 혜택도 받을 수 있다는 장점이 있습니다.

더군다나 2023년부터는 규제지역 내 2주택자도 취득세가 8%에서 1~3%(주택 가액에 따라 상이)의 일반세율로 완화되기 때문에 양도소득세 비과세 효과가 더 커집니다.

교환 매매는 집은 안 팔리고 그렇다고 헐값에 팔기는 싫을 때도 이용됩니다. 지금 부동산 시장에서 관심을 받는 이유이기도 합니다. 2022년 들어 금리 인상, 집값 고점 인식 등이 맞물리며 주택 매수 심리가 확 꺾이자 '거래 절벽'이 심화 됐습니다. 매수 대기자들이 관망세에 접어들면서 시세보다 낮은 급매로 내놔도 매수자가 나타나지 않았고, 수천만 원에서 수억 원은 값을 떨어트린 '급급매' 정도에만 반응하는 분위기입니다. 그러자 부동산 중개업소를 통하지 않는 교환, 증여 등의 특이 거래가 증가하는 추세입니다.

하지만 교환 매매도 말이 쉽지 실제 상대를 구하기가 어렵습니다. 인근에서 일시적 2주택 등 비슷한 처지의 주택 보유자를 만나기 쉽지 않고, 가격이나 매물 조건 등을 맞추기도 어렵죠. 매물에 근저당이나 임대차가 껴 있으면 더 골치가 아픕니다.

여러 이유로 교환 당사자 간의 이해관계가 맞아야 하는데 생판 모르는 사람과 수억에서 수십억 원의 집을 교환하면서 의견을 맞

취나가기가 쉽지 않겠죠. 따라서 교환 매매 시 분쟁이나 손해 등이 일어나지 않도록 더 꼼꼼히 살펴야 합니다.

지금처럼 주택거래가 잘 이뤄지지 않을 때 교환매매 시도가 많아집니다. 이런저런 분쟁이 있을 수 있으니 계약 일자, 현금 거래 등 관련해 계약서를 꼼꼼히 써놓을 필요가 있습니다.

알아두면 쓸모 있는 세금 상식사전

PART 03

알아두면 쓸모 있는
다주택자 세금 상식

부자를 꿈꾼다면 꼭 알아야 하는 세금

종합부동산세

종부세는 부자들이 내는
세금이 아니다?

주변에 부자 몇 명씩은 보이기 마련입니다. 그런데 어떻게 부자

가 되었을까요?

1. 월급을 차곡차곡 모아서

2. 사업이 잘돼서

3. 부동산이 올라서

4. 주식이 올라서

5. 상속을 많이 받아서

이 중에서 가장 드문 사례는 1번입니다. 나보다 월급을 많이 버

는 사람은 많이 있지만, 월급만 모아서 수십억 원의 자산을 모은

부자는 흔치 않죠. 부자들의 소득의 원천은 근로소득보다는 자산

소득입니다.

그리고 이 중에서 어떤 부자가 가장 부러울까요? 월급을 모아서 된 부자는 그렇게 부럽지 않습니다. 부동산이나 주식이 올라서 부자가 되거나 상속을 많이 받아서 부자가 된 사람이 더 부럽습니다. 로또가 맞아서 부자가 된 사람이 제일 부럽습니다. 별다른 노력 없이 부자가 되어서죠.

세알못 - 최근 신문 기사를 보니 많은 언론이 기획재정부 자료를 인용하여 종합부동산세 부담자의 3분의 1이 연봉 2,000만 원도 안 되는 빈곤층이라고 합니다. 종합부동산세는 부자들이 내는 세금이 아니라고 합니다.

택스코디 - 여기서 출처는 기획재정부입니다. 기획재정부가 주장한 자료를 쓰더라도 언론은 검증해야 합니다. 검증도 없이 정부 보도자료만 요약하는 것은 언론의 책무를 벗어난 행동입니다. 그리고 검증의 핵심은 출처 확인입니다. 기재부 주장의 출처를 보니 2021년 '국세청 소득' 기준이라고 합니다.

국세청 소득 자료의 가장 큰 단점은 국세청에 신고하지 않은 소득은 누락 된다는 것입니다. 기지부는 국세청 소득 자료를 통해 종부세 내는 사람의 소득이 적다고 주장했습니다. 이를 정확히 말하면 종부세 내는 사람은 '국세청에서 파악한 소득'이 적다고 이해하는 게 맞습니다.

알아두면 쓸모 있는 세금 상식사전

일반적으로 근로소득 위주의 저자산가 소득은 거의 투명하게 드러납니다. 그러나 임대소득 위주의 자산가 소득은 국세청에서 파악하는 게 쉽지 않습니다.

세알못 : 어떤 소득은 투명하고 어떤 소득은 국세청이 파악하지 못하고 있나요?

택스코디 : 먼저 근로소득부터 말하자면 종부세를 내는 사람이 근로소득이 있으면, 거의 그대로 국세청 소득에 잡힙니다. 다음으로 사업소득은 근로소득보다는 국세청에서 파악하지 못한 소득이 있을 수 있습니다. 특히 사업소득은 변동이 심합니다. 종부세를 낼 정도의 수십억 원의 주택을 소유했다면 사업소득이 높았던 때는 분명히 있었을 것입니다. 다만 2021년도에는 사업소득이 적었을 수는 있습니다.

이제 자산 소득을 봅시다. 부동산 부자의 주 수입원은 임대소득입니다. 그런데 임대소득은 소득 누락이 심한 소득 중 하나입니다. 종부세 대상자가 아무리 임대소득이 높아도 신고하지 않으면 국세청 소득 통계에서는 누락 됩니다. 또 주식 부자. 주식이 올라서 번 돈은 대부분 국세청 소득 통계에는 누락 되어 있습니다. 상장주식 양도차익은 기본적으로 비과세이기 때문입니다. 법이 그렇습니다. 소득 신고할 의무가 없으니 국세청은 파악조차 할 수 없습니다. 종목당 10억 원이 넘는 주식을 보유한 대주주만 소득세를 냅니다. 총 주식 10억 원이 아니라 종목당 10억 원입니다. 100억 원 정도를 10여 개 종목에 분산투자를 하는 슈퍼개미도 세금을 내지 않습니다. 또한 코인을 투자해서 부자가 된 사람도 국세청 소득에는 잡히지 않습니다.

그리고 자산가의 수입은 임대소득 외에도 이자 배당소득도 많습니다. 그런데 이자 배당소득이 2,000만 원 나온다는 의미는 금융자산만 약 10억 원 정도 있다는 뜻입니다. (2021년도 이자율이 약 2%라고 한다면 10억 원이 있어야 2,000만 원을 벌 수 있습니다.) 그리고 포트폴리오 투자 원칙에 따라 금융자산이 10억 원이 있다면, 다른 주식 또는 부동산 자산도 그보다 서너 배는 더 있는 것이 일반적입니다. 즉 근로소득으로 2,000만 원을 벌면 생활이 팍팍하지만 이자 배당소득으로 2,000만 원을 버는 사람은 수십억 원 자산가라는 의미입니다.

마지막으로 상속을 받아서 부자가 된 사람은 별 소득이 없을 수 있습니다. 그러나 자신의 소득이 아니라 상속을 통해 부자가 되었다는 이유로 종부세를 깎아줘야 하는지는 모르겠습니다.

세알못 : 로또가 당첨되어 부자가 된 사람은 종부세를 낼까요?

택스코디 : 놀라운 사실은 로또가 되어도 종부세는 내기 어렵다는 것입니다. 최근 로또 1등 당첨금은 평균 20억 원 정도입니다. 세금을 제외한 실수령액은 13억 원이 조금 넘습니다. 만약 취득세 없이 13억 원짜리 주택을 샀다더라도 종부세를 내지 않습니다. 시가가 13억 원이면 공시가격은 보통 70%인 10억 원도 안 됩니다. 1주택 자라면 과세표준 12억 원 (종전 11억 원) 이하 주택은 종부세가 부과되지 않습니다. 종부세는 부자가 내는 세금이 아니라는 말은 로또가 되어도 부자가 아니라는 말과 같습니다.

물론 근본적 문제는 종합부동산세는 소득세제가 아니라 재산세제라는 사실입니다. 소득세는 자산을 고려하지 않고 소득에 따라 세금을 부과합니다. 부가가치세와 같은 소비세도 소득과 상관없이 같은 소비에는 같은 세금을 부과합니다. 소득이 없는 은퇴한 노령자라고 해서 부가가치를 깎아주는 일은 없습니다. 소비행위 자체에 담세력을 인정하는 것이 소비세입니다. 마찬가지로 종부세와 같은 재산세제는 재산보유 자체에 담세력을 인정하는 세금입니다.

나도
종부세 부과 대상일까?

종합부동산세는 고액의 부동산 보유자에 대해 종합부동산세를 부과하여 부동산 보유에 대해 조세 부담의 형평성을 제고하고, 부동산의 가격안정을 도모함으로써 지방재정의 균형발전과 국민경제의 건전한 발전에 이바지함을 목적으로 2005년부터 시행되었습니다.

종합부동산세는 지방세법상 재산세 과세대상 주택(주거용 건축물과 그 부속토지를 말함)을 과세대상으로 합니다. 다만 상시 주거용으로 사용하지 않고 휴양, 피서 또는 위락의 용도로 사용되는 별장은 주택의 범위에는 해당하지만, 지방세법상 재산세를 부과할 때 고율의 단일세율(4%)로 부과되기 때문에 종합부동산세 과세대상에서 제외됩니다.

알아두면 쓸모 있는 세금 상식사전

종합부동산세의 과세기준일은 재산세와 마찬가지로 6월 1일입니다. 따라서 6월 1일에 주택을 소유한 자 (재산세 납세의무자) 중 공시가격을 합산한 금액이 9억 원(1세대 1주택자인 경우 12억 원)을 초과하는 경우 종합부동산세를 내야 할 의무가 있습니다.

세알못 : 재산세와 종부세의 다른 점은 무엇이고 각각 과세는 어떻게 이루어지나요?

택스코디 : 부동산 등 보유자에 대해 1차로 소재지 관할 시·군·구에서 재산세를 부과하고 2차로 전국에 소재한 주택·종합합산토지·별도합산토지를 인별로 합산한 가액이 유형별로 공제금액을 초과하는 경우 그 초과하는 금액에 대해 종합부동산세를 부과합니다.

세알못 : 주택의 건물은 타인이 소유하고 부속된 토지만 소유한 때에도 종합부동산세를 내야 하나요?

택스코디 : 주택의 부속토지만 소유한 때에도 지방세법에 따라 주택분 재산세가 부과되므로 인별 주택 공시가격을 합산한 금액이 9억 원(1세대 1주택자는 12억 원) 이상이면 종합부동산세가 부과됩니다. 또 주택 부속토지만 소유한 때에도 세율 적용 또는 1세대 1주택 판단 시 보유 주택 수에 포함됩니다.

세알못 : 부친이 사망했으나 현재 상속 등기가 되지 않은 재산에 대해 종합부동산세는 누구에게 부과되나요?

택스코디 : 과세기준일 이전에 상속 개시된 경우로서 과세기준일 이전 상속 등기를 이행하지 않고 사실상의 소유자를 지방자치단체에 신고하지 않은 때에는 행정안전부령이 정한 주된 상속자를 재산세 및 종합부동산세 납세의무자로 정합니다. 이 경우 주된 상속자는 민법상 상속 지분이 가장 높은 상속인으로 하되, 상속 지분이 가장 높은 자가 2명 이상이면 그중 연장자로 합니다.

알아두면 쓸모 있는 세금 상식사전

종부세 고지서 발송 전 조정지역 해제됐다면?

세알못 : 제가 보유한 3주택 소재지인 대전은 종합부동산세 과세기준일인 6월 1일엔 조정대상지역이었지만, 고지서 발송 전인 지난 9월 26일 조정대상지역에서 해제됐습니다. 이 경우엔 일반세율과 조정대상지역 내 3주택에 대한 중과세율 중 어느 세율이 적용되나요?

택스코디 : 답은 '중과세율'입니다. 종합부동산세는 매년 과세기준일 (6월 1일)을 기준으로 주택 수와 조정대상지역 여부를 판단해 세율을 적용하기 때문입니다. 따라서 세알못 씨는 일반세율 0.5~2.7% (종전 0.6~3.0%)이 아닌 중과세율 2.0~5.0% (종전 1.2~6.0%)을 적용받습니다.

2022년부터 세법개정으로 일시적 2주택 특례제도가 시행되며 납세자가 특례를 신청하는 경우 1주택자로 봐 종합부동산세 계산 때 기본공제 12억 원 (종전 11억 원)과 세액공제 최대 80%가 적용됩니다.

일시적 2주택 특례가 없었다면 기본공제는 9억 원 (종전 6억 원)이고 세액공제는 없던 데서 혜택이 커지는 것입니다.

참고로 양도소득세는 종전 주택 취득 후 1년 이상이 지나고 신규주택을 취득해야 일시적 2주택 특례를 적용받을 수 있지만, 종합부동산세는 종전 주택 양도 전 신규주택을 바로 취득해도 일시적 2주택 특례 대상이 됩니다. 단 특례 적용은 과세기준일 당시 신규주택 취득일로부터 2년 이내로 한정됩니다.

세알못 : 일시적 2주택 특례를 적용받은 뒤 신규주택 취득일로부터 2년 안에 종전 주택을 양도하지 못하면요?

택스코디 : 경감받은 종합부동산세는 추징하며, 이자에 상당하는 가산액까지 추가로 납부해야 하므로 주의해야 합니다.

세알못 : 종부세 세율 적용 때 부부가 각각 조정대상지역에 집 1채씩을 갖고 있으면 어떻게 되나요?

택스코디 : 중과세율은 적용되지 않습니다. 종합부동산세는 세대 전체 보유 주택 수가 아닌 개인별 보유 주택 수로 판정하기 때문에 부부 각각 명의라면 1인당 1주택이 돼서입니다. (2023년 개정된 세법부터는 조정대상지역 2주택자도 중과세율을 적용하지 않습니다.)

알아두면 쓸모 있는 세금 상식사전

세알못 : 1세대 1주택자는 종합부동산세 납부유예를 신청할 수 있다고 들었습니다. 구체적으로 어떤 조건이 필요한가요?

택스코디 - 다음 요건 네 가지를 모두 충족하면 가능합니다.

• 과세기준일 현재 1세대 1주택자일 것
• 만 60세 이상이거나 해당 주택을 5년 이상 보유 중일 것
• 직전 과세기간 총급여액이 7,000만 원 이하이고, 종합소득과세표준에 합산되는 종합소득금액이 6,000만 원 이하일 것
• 해당연도 주택분 종부세액이 100만 원을 초과할 것

납부유예 신청은 12월 1~12일로 세무서에 방문해서 할 수 있습니다. 납부유예 허가 후 해당 주택을 타인에게 양도 또는 증여하는 등 납부 사유가 생기면 납부를 유예받은 세액과 이자 상당 가산액을 더해 내야 합니다.

매년 12월은
종부세 고지가 된다

　매년 11월 말이 되면 국세청이 전국 종합부동산세 부과 대상인 집주인에게 종합부동산세 납부고지서를 발송합니다. 이렇게 고지된 종부세는 12월 15일까지 내야 합니다.

세알못 : 그런데 잘못 계산된 고지서를 받을 수도 있나요?

택스코디 : 네, 그럴 수도 있습니다. 세법이 너무 복잡한 데다 자주 바뀌면서 국세청이 입력한 기초적인 정보가 실제와 다를 수도 있기 때문입니다.

　국세인 종합부동산세는 지방세인 재산세를 기초자료로 활용합니다. 국세청이 직접 수집한 자료가 아니라 행정안전부와 각 지방자치단체가 수집해서 제공한 자료를 기반으로 계산됩니다. 따라서 재산세 과세자료에 오류가 있으면, 종합부동산세도 오류가 나는 구조입니다.

세알못 : 그럼 종부세 고지서를 받으면, 꼭 확인해야 할 것들은 무엇인가요?

택스코디 : 가장 먼저 확인할 것은 주택 수입니다. 1세대 1주택자는 종부세 계산시 상당한 혜택을 받기 때문입니다.

종합부동산세는 공시가격 9억 원(종전 6억 원)이 넘는 보유 주택부터 부과되지만, 1세대 1주택자는 공시가격 12억 원(종전 11억 원)이 넘는 주택부터 종합부동산세를 부담합니다. 또 1주택자에는 고령자 공제와 장기보유세액공제를 합해 최대 80%를 세액에서 공제합니다.

그런데 2022년부터 일시적인 2주택에 대해서도 1주택자와 같은 기본공제와 세액공제를 적용합니다.

또 1주택인데 상속받은 주택이 추가된 경우에도 1주택자와 같은 기준으로 종합부동산세를 내고, 지방의 저가주택(공시가격 3억 원 이하) 1채를 더 보유한 때에도 1세대 1주택자와 같은 공제를 적용할 수 있습니다.

상속주택과 지방 저가주택이 종부세 주택 수 계산에서 빠지면서 상황에 따라 세율부담도 크게 줄어들 수 있습니다. 종합부동산세는 조정대상지역 3주택 이상이면 세율이 크게 올라갑니다.

예를 들어 비조정대상지역 2주택자가 주택을 상속받은 경우에도 낮은 세율로 세금을 부담할 수 있는 것입니다.

따라서 종합부동산세 납세대상자는 과세기준일인 6월 1일 기준으로 대체주택, 상속주택, 지방 저가주택 등의 보유상황이 고지서에 제대로 반영됐는지를 꼭 확인해야 합니다.

부부공동명의자들도 고지서를 꼼꼼히 봐야 합니다. 종합부동산세는 부동산을 보유하고 있는 각각의 개인에게 인별로 과세하는 세금입니다. 부부 공동명의로 1주택을 보유하는 경우 세대 기준에서는 1주택이지만, 부부가 각각 1주택씩을 보유한 것으로 간주해 2주택자와 같은 종부세가 부과되는 특징이 있습니다.

이 경우 12억 원이 아닌 부부가 각각 기본공제를 9억 원씩 18억 원을 공제받을 수 있는 장점도 있지만, 1세대 1주택자에게 주어지는 고령자 및 장기보유세액공제를 받지 못하는 불리함이 발생합니다.

이에 따라 부부가 18억 원을 공제받을 것인지, 1주택자와 같이

12억 원을 공제받고 최대 80%의 세액공제를 추가로 받을 것인지를 선택할 수 있도록 기회를 줍니다. 바로 부부 공동명의 1주택자 과세특례입니다.

매년 9월에 부부 공동명의 1주택자 과세특례 신청을 하지만, 미처 신청하지 못할 때도 있을 수 있습니다. 특례를 신청하지 못했거나 어느 쪽의 세금이 적은지 유불리를 제대로 따지지 못했다면, 지금 당장 확인해 봐야 합니다.

종합부동산세는 납세자가 전국에 보유하고 있는 주택의 과세표준을 모두 합해서 계산합니다. 하지만 합산하지 않아도 되는 주택 기준도 정하고 있습니다. 바로 합산배제주택입니다.

여러 주택의 과세표준을 합산하지 않으면 낼 세금도 줄어듭니다. 그래서 고지서를 받으면 합산배제가 잘 처리됐는지를 꼭 확인해야 합니다. 우선 전용면적과 공시가격 등 요건을 갖춘 임대주택과 사원용 주택, 어린이집용 주택 등은 합산배제대상입니다.

특히 2022년부터는 합산배제주택도 주택 수에서도 제외됩니다. 1세대 1주택인데 어린이집용 주택을 추가로 보유하고 있다면, 종전에는 1세대 1주택과 같은 공제 혜택을 받지 못했지만, 2022년부터는 받을 수 있습니다. 합산배제주택을 보유한 경우 고지서에서도 반영 여부를 따져 봐야 합니다.

세알못 - 고지서에서 오류를 발견하면 어떻게 하나요?

택스코디 : 고지서에서 오류가 발견됐다면 고지된 세금을 그대로 낼 필요는 없습니다. 고지서 납부기한인 12월 15일까지 납세자가 스스로 종합부동산세를 계산해서 신고·납부할 수도 있기 때문입니다.

만약 9월에 해야 했던 합산배제신고와 1주택 과세특례 신청 등을 하지 못했다면, 그 내용을 반영해서 신고하면 됩니다. 다만 스스로 신고·납부한 세금이 요건에 맞지 않은 때에는 가산세를 물 수 있습니다.

참고로 가산세를 물지 않고 오류를 수정하는 방법도 있습니다. 바로 이의신청입니다.

고지서를 받은 날로부터 90일 이내에 주소지 관할 세무서장에 이의신청서를 제출하면 됩니다. 이때 중요한 것은 고지된 세금을 기한 내 제출한 후에 이의신청해야 한다는 것입니다.

이의신청은 결과가 받아들여지지 않으면 다시 90일 이내에 불복청구할 수 있고, 스스로 신고·납부를 하면 5년 이내에 불복청구를 진행할 수 있습니다. 대응 방법에 따라 불복청구의 기한 차이가 발생합니다. 고지서에 불만이 있는 경우, 가산세 부담과 기한의 이익을 잘 따져야 합니다.

팔 집, 받은 집, 싼 집엔 당분간 세금 안 매긴다

종전 종합부동산세 제도는 기본적으로 다(多)주택 보유자에게 모진 구조였습니다. 더 많은 세금을 물리고, 납부 연기 같은 혜택도 주지 않았습니다. 하지만 집이 여러 채라고 전부 여유가 있는 것은 아닙니다. 이런 사정을 살펴, 정부가 다주택 상황이 일시적이라 판단되면 1주택자와 차별하지 않기로 했습니다. 팔 집과 받은 집, 싼 집은 당분간 세금이 더 붙는 추가 주택으로 간주하지 않는 방식입니다.

주택 수 제외 특례 적용 대상자는 종합부동산세 납부유예를 신청할 수 있습니다. 납부기한(12월 15일) 사흘 전까지 관할 세무서장이나 '국세청 홈택스'를 통해 신청서를 제출하면 됩니다. 그러면 세무서장이 기한 전에 허가 여부를 통지합니다.

원래 종부세 납부유예 신청의 기본 조건은 '1가구 1주택'입니다. 여기에 만 60세 이상이거나 해당 주택 5년 이상 보유, 총급여 7,000만 원(종합소득금액 6,000만 원) 이하, 종합부동산세액 100만 원 초과 등 추가 요건이 더해집니다. 고령 또는 장기보유 1주택자에 한해 자금 여력이 생길 때까지 기다려 준다는 취지입니다. 2주택자는 애초 해당하지 않습니다.

그러나 이사나 상속 등으로 일시적 2주택자가 된 사람에게는 필요 없는 주택을 처분할 때까지 한시적으로 1가구 1주택자 자격을 부여한다는 게 2022년 개정된 세법 내용입니다.

이사할 새집을 샀는데 미처 팔지 못한 옛집의 경우 신규주택 취득 뒤 2년, 상속받은 집은 상속 이후 5년까지 일단 보유 주택으로 여기지 않겠다는 것입니다. 1주택 가구로 인정되면 다주택자 중과세율 2.0~5.0% (종전 1.2~6.0%) 대신 기본세율 0.5~2.7% (종전 0.6~3.0%)을 적용받을 수 있고, 기본 공제금액도 9억 원에서 12억 원까지 늘어납니다. 다만 주택 처분 때는 납부 대상 세금에 '국세환급가산금' 이자 (연 1.2%)를 더한 금액을 내야 합니다.

특례 원칙만 어기지 않으면 1주택자 인정 조건은 관대합니다. 이사 갈 집이 서울에 있는 아주 비싼 주택이어도 기간 내에 기존

알아두면 쓸모 있는 세금 상식사전

주택을 팔면 상관없고, 몇 채가 되든 상속주택은 5년간 주택 수에 산입하지 않습니다. 저가주택 (공시가 수도권 6억, 비수도권 3억 원 이하) 또는 지분 일부(40% 이하)를 상속받은 때에는 아예 기간 제한이 없습니다. 이외에도 추가 보유 주택이 공시가가 3억 원에 미치지 못하는 지방 저가주택이면 1채까지 주택 수에서 빼줍니다.

양도소득세로 범위를 넓히면 특례 대상은 더 늘어납니다. 임대주택까지 제외 대상에 포함될 여지가 생기면서입니다. 원칙적으로 1주택을 양도하기 전에 다른 주택을 대체 취득하거나 상속, 동거봉양, 결혼 등으로 2주택 이상을 보유하게 된 일시적 2주택자의 경우 양도소득세를 매기지 않는데, 이 비과세 혜택은 임대주택 해당 요건이 충족되면 중복 적용이 가능합니다. 가령 장기 임대주택 2채를 보유한 일시적 2주택자라면 거주 주택 취득일로부터 1년 이상 지난 뒤 새 주택을 취득하고 새 주택 취득일로부터 3년 안에 거주 주택을 양도하는 경우 양도소득세를 물지 않아도 됩니다. 주택 4채를 갖고 있어도 세법상으로는 1주택자가 되기 때문입니다.

2023년 종부세
어떻게 바뀌나

세알못 : 종부세가 2023년부터 줄어든다는 데, 가장 혜택을 받는 사람은 누구인가요?

택스코디 : 결론부터 말하자면 가장 혜택을 받는 사람은 부부 공동명의 1주택자와 조정대상지역 2주택 보유자가 될 것입니다.

종합부동산세법 개정안이 국회를 통과하면서 2023년부터 종합부동산세 부담이 크게 줄었습니다. 특히 기본공제 인상과 중과세율 인하로 부부 공동명의 1주택자와 조정대상지역 2주택 보유자세 혜택이 두드러집니다. (2022년 12월 24일 국회를 통과한 종부세법 개정안에 따르면 앞으로 종부세 기본공제 금액은 6억 원에서 9억 원으로 3억 원이 인상됩니다.)

알아두면 쓸모 있는 세금 상식사전

부부 공동명의 주택의 경우 합산해 기본공제를 적용할 수 있는데 이 기준도 기존 12억 원에서 18억 원으로 크게 오르게 됩니다. 다시 말해 부부가 공동명의로 소유한 아파트의 공시가격이 18억 원 이하라면 종부세 과세대상이 아니라는 소리입니다.

2023년 공시가가 2022년과 같다고 가정하고 2022년 60%를 한시 적용한 공정시장가액비율은 80%로 복귀한다는 조건에서 공시가 18억 원 주택을 부부 공동명의로 보유한 부부의 경우 2022년 종부세 납부액은 약 157만 원입니다. 하지만 2023년에는 아예 종합부동산세 과세대상에서 제외됩니다.

참고로 공시가 18억 원을 올해 현실화율 81.2%를 적용하면 시가로 22억2,000만 원 정도가 됩니다. 2023년 공시가 현실화율은 하향 조정키로 한 만큼 시가 기준으로 부부 공동명의 1주택자 종합부동산세 기준선은 더 올라갈 전망입니다.

또 조정대상지역의 경우 2주택에 대해서는 기본공제 인상과 함께 중과세율 2.0~5.0% (종전 1.2~6.0%) 이 아닌 0.5~2.7% (종전 0.6~3.0%)의 일반세율을 적용해 세 부담이 크게 줄어들 것입니다.

가령 조정대상지역에 공시가 8억 원, 12억 원 총 20억 원 상당의 주택을 보유했다면, 2022년 종합부동산세는 약 1,436만 원이지만, 2023년에는 553만 원 정도로 900만 원가량 줄게 됩니다.

그리고 1세대 1주택자들도 세 부담은 줄어듭니다. 공시가 12억 원 주택을 보유한 1주택자의 경우 2022년 종합부동산세가 30만 원이었다면, 2023년엔 종합부동산세 대상에서 빠지게 됩니다. 1세대 1주택자에 대한 기본공제가 2022년 11억 원에서 2023년 12억 원으로 오르기 때문입니다.

다만 공정시장가액비율이 2022년 60%에서 2023년 늘어나게 되면 고가주택을 소유한 1주택자는 종합부동산세 부담이 다소 늘어날 것입니다.

2023년부터 종합부동산세 중과세율 (2.0~5.0%)은 3주택 이상이면서 공시가가 약 24억 원이 넘는 소수에게만 적용됩니다. 중과세율 적용대상이 3주택 이상이면서 과세표준 12억 원을 넘는 사람들로 한정됐습니다. 일반세율과 중과세율 체계를 유지하되, 중과세율 적용대상 기준을 높인 것입니다. 과세표준 12억 원을 공시가로 환산하면 24억 원 상당이고, 시가로는 약 30억 원 안팎이 됩니다. 이들에게 적용되는 세율은 2.0~5.0%입니다. 조정대상지역 2주택자 및 과표 12억 원 이하 인자에 대한 중과는 폐지됐습니다. 즉 앞으로 집을 두 채 가진 사람은 '다주택자'에서 배제되는 것입니다.

과세표준	일반 2주택 이하		조정대상지역 2주택		3주택 이상	
	2022년	2023년	2022년	2023년	2022년	2023년
3억 원 이하	0.6	0.5	1.2	0.5	1.2	0.5
6억 원 이하	0.8	0.7	1.6	0.7	1.6	0.7
12억 원 이하	1.2	1.0	2.2	1.0	2.2	1.0
25억 원 이하	1.6	1.3	3.6	1.3	3.6	2.0
50억 원 이하	1.6	1.5	3.6	1.5	3.6	3.0
94억 원 이하	2.2	2.0	5.0	2.0	5.0	4.0
94억 원 초과	3.0	2.7	6.0	2.7	6.0	5.0

종합부동산세는 국세청에서 계산해서 고지서를 보내주는 고지 세금이지만 스스로 신고·납부도 할 수 있습니다. 그런데 스스로 신고·납부한 때에만 더 낸 세금을 돌려받는 경정청구를 할 수 있습니다. 이에 따라 경정청구를 받기 위해서 고지서가 있는데도 스스로 신고·납부하는 불편을 감수하는 경우가 많았습니다. 고지서 대로 세금을 내는 때에는 90일 이내에 불복신청만 가능하기 때문입니다.

하지만 2023년분 종합부동산세부터는 국세청 고지서대로 종부세를 납부했더라도 경정청구가 가능합니다.

중과되는 조정대상 지역 다주택자 세금

양도소득세 2

산 가격보다 비싸게 팔았다면 양도소득세를 내야 한다

양도가액에서 취득가액, 자본적 지출액 및 양도비 등 필요경비를 공제하여 양도차익을 계산하고, 3년 이상 보유한 주택을 양도하는 경우 적용되는 장기보유특별공제액을 공제하여 양도소득금액을 계산하고 기본공제 250만 원을 차감하여 산출한 양도소득 과세표준에 세율을 곱하면 양도소득 산출세액이 계산됩니다. 공식으로 표현하면 아래와 같습니다.

- 양도차익 = 양도가액 - 취득가액 등 필요경비

- 양도소득금액 = 양도차익 - 장기보유특별공제액

- 양도소득 과세표준 = 양도소득금액 - 기본공제 (250만 원)

- 양도소득 산출세액 = 양도소득 과세표준 × 세율 - 누진공제

- **양도가액:** 주택의 양도가액은 양도 당시 양도자와 양수자 간의 실지거래가액에 따릅니다. 여기서 실지거래가액이란 주택의 양도 또는 취득 당시에 양도자와 양수자가 실제로 거래한 가액으로서 그 주택의 양도 또는 취득과 대가관계에 있는 금전과 그 밖의 재산가액을 말합니다.

- **필요경비:** 양도가액에서 공제할 필요경비는 취득가액, 자본적 지출액 및 양도비 등입니다.

세알못 : 다주택자로 조정대상지역 외 지역에 있는 1주택을 양도 (보유 기간 7년 이상)합니다. 양도가액은 8억 원, 취득가액은 3억 원 (필요경비 7천만 원)입니다. 양도세는 얼마나 나올까요?

택스코디 : 다음 표와 같습니다.

구분	내용	세액계산(원)
양도가액	실지거래가액	800,000,000
취득가액	실지거래가액(실지거래가액을 확인할 수 없는 경우: 매매사례가액→감정가액→환산취득가액)	300,000,000
필요경비	실지거래가액: 취득세 · 자본적지출액 · 양도비 등 매매사례가액, 감정가액, 취득가액:기준시가의3%	70,000,000

알아두면 쓸모 있는 세금 상식사전

양도차익	양도가액−취득가액−필요경비	430,000,000
장기보유 특별공제	보유기간이 3년 이상인 주택 (조합원입주권)	60,200,000
양도 소득금액	양도차익−장기보유특별공제	369,800,000
기본공제	250만 원 공제 (미등기주택 제외)	2,500,000
과세표준	양도소득금액 − 양도소득 기본공제	367,300,000
세율	6%∼45% (기본세율)	40%
산출세액	양도소득 과세표준×세율−누진공제	121,520,000
세액공제ㆍ 감면세액	전자신고세액공제ㆍ감면세액ㆍ 외국납부세액공제	20,000
가산세	무(과소)신고가산세 10∼40%, 납부지연가산세1일 22/100,000, 환산취득가액 등 적용가산세 환산취득가액ㆍ감정가액의 5%	−
납부할세액	산출세액−(세액공제+감면세액)+가산세	121,500,000

조정대상지역을
주의하라

　정부가 발표하는 부동산 정책 변화에 관심을 가져야 합니다. 아는 만큼 보인다고 정부가 부동산 수요를 억제하기 위해 마련한 조정대상지역·투기과열지구나 투기지역 지정, 실거래가 신고 제도, 중과세 정책 등은 부동산 시장에 참여하는 사람들에게 아주 중대한 변화를 줄 수 있습니다. 물론 지금처럼 수요를 살리기 위해서 앞과 같은 규제들을 완화하기도 합니다.

세알못 : 조정대상지역으로 지정되거나 해제될 때, 세제 변화는 어떻게 되나요?

택스코디 : 조정대상지역으로 지정되거나 해제되는 경우, 세제 변화를 정리하면 다음과 같습니다.

1. 조정대상지역 지정 시

- 1세대 1주택 비과세 요건 중 거주 요건이 적용
- 다주택자에 대한 양도세 중과세 적용
- 다주택자에 대한 장기보유 특별공제가 박탈
- 신규 취득자에 대한 임대 세제 지원 중단
- 대출 규제 강화

2. 조정대상지역 해제 시

- 1세대 1주택 비과세 요건 중 거주 요건이 적용되지 않음 (해제일 이전에 취득한 주택은 여전히 거주 요건 적용)
- 다주택자에 대한 양도세 중과세 적용되지 않음 (취득 시점과는 무관)
- 다주택자에 대한 장기보유 특별공제가 6~30% 적용 (취득 시점과는 무관)
- 신규 취득자에 대한 임대 세제 지원
- 대출 규제가 풀림

다주택자 양도소득세 중과세 제도는 부동산 시장에서 상당히 중요한데, 이는 다음 표와 같이 과세하는 방식을 말합니다. (2022년~2023년 중과세 한시적 유예)

구분	세율	장기보유 특별공제
2주택 중과세	26~65%	적용하지 않음
3주택 중과세	36~75%	적용하지 않음

세알못 : 중과세 제도는 구체적으로 어떻게 적용하나요?

택스코디 : 일단 주택 수는 전국에 있는 개인이 아닌 1세대가 보유한 주택 수를 합해 계산합니다. 다만 모든 주택을 합산하는 게 아니라 서울과 수도권·광역시·세종시 (읍·면 지역 제외)의 주택과 이외 지역 중 기준시가가 3억 원을 초과한 주택 수가 최소 2주택 이상 되어야 합니다.

그리고 이렇게 하여 나온 주택 수가 2주택 이상이더라도 무조건 중과세를 적용하는 것이 아니라 서울 등 조정대상지역에 소재한 주택들이 위 제도를 적용받습니다. 예를 들어 서울과 강릉 (기준시가 3억 원 초과 가정)에 집이 각각 1채씩 있는 경우 다주택자에 해당하므로 중과세를 적용받게 되는데, 이때 서울 집을 팔 때만 중과세 제도가 적용된다는 것입니다. 강릉 집은 조정대상지역에 해당하지 않기 때문입니다.

알아두면 쓸모 있는 세금 상식사전

보유 주택 수에 따른
최고의 양도 전략을 살펴보자

먼저 1세대 1주택자는 양도할 때, 비과세 요건을 갖춰 양도소득세 비과세를 적용받는 것이 최선입니다. 물론 비과세 요건을 충족하기 전이라도 시세차익이 더 크거나 손해를 보고 있다면 비과세 요건을 따질 필요가 없어집니다. 여기서 말하는 비과세 요건은 2년을 보유하는 것입니다. 다만 조정대상지역 내에서 주택을 취득한 경우에는 2년 거주 요건이 추가되었음에 주의해야 합니다.

세알못 : 2주택자는 어떻게 하면 좋을까요?

택스코디 : 먼저 비과세 특례를 받으면 좋습니다. 2주택인 상태에서 다른 주택 1채를 팔게 되면 과세 되는 것이 원칙입니다. 다만 이사를 하거나 혼인이나 동거, 봉양을 위해 일시적으로 2주택 상태라면 비과세를 적용받을 수 있습니다.

이사하려고 새집을 구했으면 새집을 취득한 날로부터 3년(종전 2년) 내에 예전 집을 팔아야 합니다. 이때 종전 집을 보유한 기간은 2년 이상이 되어야 합니다. (2017년 8월 3일 이후 조정대상지역에서 취득한 주택은 2년 이상 거주)

세알못 : 비과세 특례를 받을 수 없을 때는요?

택스코디 : 양도 우선순위를 정합시다. 다시 말해 팔려고 하는 집값의 오름세를 보고 양도차익과 양도소득세를 비교해 보는 것입니다.

최근 집은 2022년 9월 1일에, 종전 집은 2002년 1월 1일에 샀고, 현재 새집에 살고 있으며 종전 집은 전세를 주고 있다고 가정합시다.

복습해 보면 비과세 처분 기한이 3년이므로 2025년 9월 1일(조정대상지역의 주택은 2024년 9월 1일)까지 종전 주택을 처분하면 비과세 특례를 받을 수 있습니다.

그런데 새집을 산 지 3년(종전 2년)이 넘어서 팔게 되면 양도소득세가 부과됩니다. 이때는 양도소득세와 보유에 따른 양도차익 증가분을 비교해서 팔지를 정합시다. 다만, 이 경우 세금이 많이 나온다면 임대사업자등록을 내는 방식으로 돌파구를 찾아볼 수 있습니다.

세알못 : 3주택 이상자의 양도 전략은요?

택스코디 : 양도차익이 가장 적은 주택부터 골라 파는 것이 세금 측면에서는 유리합니다. 주택을 1채 양도하면 2주택이 됩니다. 이때는 2주택자의 양도 전략을 따르면 됩니다.

3채 이상의 여러 주택을 갖고 있다면 팔기 전에 '양도 플랜'을 세워야 합니다. 양도 전에 정부 정책, 종합부동산세, 중과세, 재테크 방향, 세금 예측, 증여와 양도 시점 선택 등을 종합적으로 검토해야 합니다. 소형주택에 대해서는 주택매매사업이나 임대주택사업도 생각할 수 있습니다. 임대주택사업자에 대해서는 이런저런 혜택이 다시 부활할 예정이므로 참고하면 좋습니다.

양도세, 비과세 적용받는 게 무조건 득일까?

　　2021년 6월부터 다주택자의 부동산 세금 부담이 더욱 커지게 됐습니다. 조정대상지역 양도소득세 중과세율은 2주택자의 경우 현행 10%에서 20%로, 3주택 이상 보유자의 경우 20%에서 30%로 변경됐기 때문입니다. 강화된 과세로 부담을 느끼는 다주택자에게는 합법적으로 세금을 적게 낼 수 있는 '절세' 전략이 필요해 보입니다. (2024년 5월 9일까지 한시적 조정대상지역 양도세 중과 유예)

세알못 : 여러 가지 상황에 따른 절세법은 무엇인가요?

택스코디 : 기본적으로 소득은 합쳐지면 관련된 세금이 올라갑니다. 누진 과세를 따르기 때문에 소득이 높으면 높을수록 고율의 세율이 적용됩니다. 우리나라 현재 소득세 최고세율이 45%입니다. 따라서 소득이 합쳐지면 아주 높은 세율이 나오기 때문에 무조건 분산을 해야 합니다.

예를 들면 집을 한 채 샀는데 1억 원이 올랐습니다. 그런데 그 집을 산 명의자가 본인 혼자로 등록돼 있을 때보다 옆에 있는 배우자랑 같이 돼 있을 때 분산이 됩니다. 그래서 실제로 양도차익이 1억 원 정도면 양도소득세가 한 1,500~2,000만 원 정도 나옵니다. 그런데 공동명의라면 거기서 500만 원 정도는 아낄 수 있습니다. 결론은 무조건 나누는 게 좋습니다. 그래서 절세는 공동명의가 가장 기본인데 이걸 조금 더 발전시키는 사람들은 본인 명의도 썼고 배우자 명의도 썼으니까 인위적으로 더 만들어버리는 겁니다. 바로 법인이죠. 그래서 법인을 만들어서 하는 겁니다. 그런데 그게 너무 과하니까 정부에서 규제하는 것인데 원래는 불법은 아닙니다.

세알못 : 필요경비 절세법도 설명해 주세요.

택스코디 : 필요경비는 말 그대로 집을 사고팔 때 반드시 지출해야 하는 경비로 세금에서 공제하는 건데 사실 많이 없는 것 같습니다. 모든 인테리어비용을 다 필요경비로 인정하지 않고, 해당 자산의 내용연수를 늘리거나 본래의 기능을 더 좋게 할 때만 인정합니다. 그러므로 페인트칠, 도배나 장판 바꾸는 것은 경비처리가 안 됩니다. 그런데 그 집을 확장하거나 상하수도 배관, 새시 교체 비용, 이런 부류 (자본적 지출 비용)는 큰 공사로 보고 인정합니다.

여기서 중요한 건 항상 증빙을 잘 갖추셔야 한다는 겁니다. 이왕이면 카드 결제, 현금영수증을 발행받고 또 공사 내역을 다 확인하고 사진을 잘 찍어놓으면 좋습니다. 해당 업체에 계좌 이체한 내역으로 증빙하면 과세당국에서 인정받아서 비용처리 받을 수 있습니다.

세알못 : '절세=비과세'라는 고정관념이 있는데, 비과세를 어떤 경우든 받으면 좋은 것인가요?

택스코디 : '비과세의 덫'이라고 해야 할까요. 절세에 있어서 가장 많이 가진 고정관념이 뭐냐면 "비과세는 꼭 받아야 해"라는 겁니다. 예를 들어 이사하기 위해 일시적 2주택인 상황일 때, 종전 집을 먼저 사고 새집을 살 때, 종전 집을 비과세 요건에 맞춰 팔고, 새집으로 갈 수 있는 건데, 만약에 마포에서 용산으로 갑니다. 종전 집이 마포고 새집이 용산입니다. 그러면 어느 정도 비슷한 선이기 때문에 이 경우에는 마포 집을 비과세를 적용받아도 괜찮습니다.
그런데 반대로 강남에서 마포로 이사한다고 가정합시다. 강남 집을 비과세를 적용받고 팔아서 마포 집으로 가는 건 물론 나쁘지 않은데, 조금 더 신중하게 생각해볼 일입니다. 세금을 피하려고 강남 집을 파는 것은 제가 생각했을 땐 조금 아니라는 겁니다.

세알못 : 그럼 이럴 땐 어떻게 해야 하나요?

택스코디 : 그냥 강남 집, 마포 집 두 개 다 가져가는 겁니다. 거기에 맞춰서 세금 내면 되는 거죠. 세금을 너무 무서워하지 않았으면 좋겠습니다. (2023년부터 조정대상지역 2주택자도 종합부동산세 중과세율이 적용되지 않습니다.)

양도세 중과 유예, 세금 확 줄이는 방법은?

다주택자를 겨냥해 강화했던 부동산 세제를 개편하거나 중단하는 정책이 하나씩 발표되고 있습니다. 그 첫 번째로 2022년 5월 10일부터 2년간 다주택자에게 적용되던 양도소득세 중과 조치를 중단했습니다. 시도 때도 없이 바뀌고 있는 부동산 정책으로 관련 세법도 복잡해졌습니다. 그만큼 부동산 절세의 중요성이 높아지고 있습니다.

5월 10일 이후부터 2년간 다주택자가 조정대상지역 주택을 양도하더라도 중과세율이 적용되지 않습니다. 단 다주택자는 처분 순서가 중요합니다. 서울(양도차익 6억), 광명(양도차익 3억), 충주(양도차익 1억)에 주택이 각 1채씩 있다면 최종적으로 처분하는 1주택이 비과세가 되므로 양도차익이 가장 큰 서울 주택을 마지막에 처분해야 합니다. 광명과 충주 주택 중에는 조정대상지역이지만 한시적으로 중과가 배제되는 광명 주택을 2024년 5월 9일 이전에 처분해야 합니다. 충주는 비조정대상지역으로 중과세율이 적용되지 않기 때문입니다. 정리하면 광명(기본세율)→충주(기본세율)→서울(비과세) 순으로 처분해야 최대한 절세할 수 있습니다. 양도소득세는 1년간 실현된 양도차익에 대해 부과되므로 광명과 충주 주택을 같은 연도에 매도하면 양도차익이 합산돼 세율이 높아진다는 점도 유의해야 합니다.

만약 광명 주택을 처분한 뒤 서울과 충주 주택이 일시적 2주택 조건을 충족한다면 서울 주택을 기한 내 먼저 처분해 광명(기본세율)→ 서울(비과세)→ 충주(비과세) 순서가 가능할 수도 있습니다. 반대로 최악은 서울(기본세율)→광명(기본세율)→충주(비과세) 순으로 매도하는 것입니다.

참고로 조정대상지역 내 일시적 2주택은 조건이 1년 이내 종전 주택 처분과 신규주택 전입이었는데, 법이 개정되어 종전 주택 취득일로부터 1년 이후 신규주택 취득, 신규주택 취득일로부터 종전 주택을 3년 이내 처분 (신규주택 취득일에 종전 주택과 신규주택이 조정대상지역이면 2년 이내 처분)하면 됩니다.

주택 보유 기간이 3년 이상이면 양도차익의 일정 비율을 공제해주는 것을 장기보유특별공제라고 합니다. 공제율은 일반적인 경우에는 보유 기간에 따라 최대 30%가 적용되나, 1가구 1주택이면서 보유 기간 중 거주기간이 2년 이상이지만 비과세가 되지 않는 경우(12억 원 초과 고가주택은 전체 양도차익 중 12억 원 초과분은 과세)에는 최대 80%가 적용됩니다.

만약 2주택자가 조정대상지역인 서울 강북지역 25평형 아파트를 4억 원에 매수해 10년 보유한 뒤 10억 원에 양도한다면 장기보유특별공제에 따라 공제율 20%, 기본세율 40%가 적용돼 양도소득세는 1억6,560만 원입니다. 그런데 중과세율이 적용됐다면 양도소득세는 3억3,505만 원입니다. 따라서 중과세율 한시적 유예 기간에 양도하면 양도소득세가 총 1억6,945만 원 줄어드는 효과가 있습니다.

세알못 : 다주택자가 양도세를 절세할 수 있는 또 다른 방법이 있나요?

택스코디 : 장기간 보유할 계획이라면 배우자에게 증여 후 양도하는 것도 방법입니다. 시세 6억 원인 아파트를 배우자에게 증여해 10년(종전 5년) 뒤 6억 원에 처분하면 양도차익이 없으므로 양도세가 부과되지 않습니다. 이때 배우자 증여재산공제 6억 원으로 증여세는 없지만, 취득세는 발생합니다.

그래도 전체적으로 절세할 수 있습니다. 단, 10년(종전 5년) 이내 팔게 되면 이월과세(양도 시 취득가액은 증여자가 취득한 금액이 적용되고 취득 시기도 증여자가 취득한 시기가 적용되는 것) 적용으로 효과가 사라집니다.

참고로 2024년 말까지 상생임대주택 계약을 체결하면 조정대상지역의 2년 거주요건을 면제합니다. 1가구 1주택에 적용되는 최대 80% 장기보유특별공제도 현재는 2년 이상 거주한 때에만 해당하는데, 상생임대주택은 2년 거주가 없어도 보유 기간분에 대해 최대 40%가 인정됩니다. 따라서 만약 4억 원에 취득한 아파트를 10년 보유한 뒤 15억 원에 양도할 경우 최종 1주택이나 거주요건이 충족되지 않아 비과세 혜택을 받지 못하면 양도세가 1억 6,000만 원이 되지만, 상생임대주택의 경우 비과세가 됩니다. 단 상생임대주택으로 비과세 적용이 가능해도 양도차익 중 12억 원의 초과분에 대해서는 양도세를 내야 합니다. 이때 장기보유특별공제도 10년 보유에 대해 40% 공제율이 적용돼 양도세가 3,042만 원으로 줄어듭니다.

양도세,
앞으로 어떻게 바뀔까

세알못 : 각종 세금 규제가 완화되고 있는데, 양도세는 어떻게 바뀔 거 같나요?

택스코디 : 2022년 종합부동산세 개편에 이어 2023년에는 부동산 양도소득세가 개편될 예정입니다. 단기 보유 주택에 대한 중과세율이 대폭 완화되고, 조정대상지역 2주택자 등 다주택자에 대한 양도소득세 중과제도는 사실상 폐지될 계획입니다.

현행 세법은 부동산 단기 양도거래와 다주택자가 보유한 부동산 양도거래에 각각 중과세율을 매기고 있는데, 향후 법 개정을 통해 중과대상과 범위가 줄어들 것 같습니다.

먼저 2년 미만 단기간 보유한 주택을 양도할 때 양도소득세 중과 부담이 줄어들 것입니다. 특히 1년 이상 보유한 주택에 대한 양도소득세 중과를 아예 폐지한다는 계획입니다. 양도소득세 중과를 피하기 위한 주택 의무 보유 기간이 현재 2년 이상에서 1년 이상으로 줄어든다는 의미입니다. 이에 따라 1년 이상~2년 미만 보유한 주택 양도세율은 현재 60% 단일 중과세율에서 6~45%의 기본세율로 내려갈 예정입니다. 그리고 1년 미만 초단기간 보유한 주택에 대한 중과세율도 현재 70%에서 45%로 인하될 것입니다.

또 분양권 역시 1년 이상 보유한 경우에는 중과대상에서 제외되며, 1년 미만 보유 후 양도 시에는 45%의 세금을 매길 예정입니다.

더구나 단기 양도세율 완화는 주택 수와 관계없이 모든 주택 양도자에게 적용됩니다. 주택을 단기간 보유한 다주택자도 일정 수준 양도차익을 거둘 수 있는 길이 열리는 셈입니다.

다주택자에 대한 양도소득세 중과는 2024년 5월까지 한시적으로 배제됩니다. 이 기간 주택을 양도하는 다주택자는 최고 82.5%(지방세율 포함)의 중과세율이 아닌 6~45%의 기본세율로 세금을 낼 수 있으며, 최대 30%의 장기보유특별공제도 받을 수 있습니다. 이후 한시 배제 기간이 끝나더라도 다주택자에 대한 양도소득세 중과는 상당 부분 완화할 전망입니다.

특히 서울 등 조정대상지역 2주택자에 대한 양도세 중과는 폐지될 것으로 예상합니다. 2022년 세법개정을 통해 조정지역 2주택자는 이미 종합부동산세 중과대상에서 제외됐고, 취득세 역시 조정지역 2주택자에 대해서는 중과세율이 아닌 기본세율을 적용하는 정부안이 확정됐기 때문입니다.

마찬가지로 양도소득세 역시 조정 2주택자에 대해서는 기본세율을 유지해 세법의 정합성을 맞출 가능성이 큽니다. 나아가 2023년에는 다주택자에 대한 양도소득세 중과제도 자체가 폐지될 수도 있습니다.

애초 다주택 양도소득세 중과는 2004년에 도입됐다가 주택시장 침체로 2009년부터 적용이 유예됐다가 2014년에 아예 폐지됐었습니다. 이후 부동산 가격이 폭등하며 5년도 채 안 돼 중과가 부활했지만, 지금은 거래가 얼어붙고 서울 등 주요 지역 주택 가격도 하락하는 등 시장 환경이 완전히 뒤바뀐 상황입니다.

참고로 2023년 말 국회에서 세법이 무사히 처리될 경우 양도세 개편안은 2024년 1월 이후 양도분부터 적용됩니다.

참고로 2023년부터 증여분에 대한 양도소득세 절세는 까다로

워집니다. 배우자 또는 자녀에게 부동산을 증여한 후 이월과세 적용 기간(종전 5년→10년으로 개정)이 지나 매도하면 증여자의 취득금액이 아닌 수증자가 증여받은 가액으로 양도차익을 계산합니다.

PART 04

알아두면 쓸모 있는
임대사업자 세금 상식

임대사업자
등록 및 신고

사업장현황신고

주택임대사업자등록은
어떻게 하나?

세알못 : 주택임대사업자로 꼭 등록해야 하나요?

택스코디 : 과거에는 주택을 전·월세로 임대하더라도 이에 대한 사업자등록 여부는 자유였습니다. 여러 가지 이유가 있겠지만, 보통 주택임대를 하는 사람들은 영세한 경우가 많았고 주택에 대한 부가가치세가 면세이기 때문에 과세 실익이 없었기 때문입니다.
하지만 이런 기조는 점차 변해서 주택임대사업자 등록이 의무화될지도 모릅니다. 정부는 이에 신중한 입장입니다. 조세 저항 등 부작용이 만만치 않을 것이기 때문입니다.

 부동산을 타인에게 임대하고 이를 통해 얻는 소득을 임대소득(수입금액)이라고 합니다. 대표적으로 상가와 주택을 생각해볼 수 있습니다. 상가임대소득은 무조건 과세하므로 사업자는 모두 관할 세무서에 신고하고 사업자등록을 해야 합니다. 이에 비교해 주택임대소득은 일정 요건이 되어야 과세대상이 됩니다. 그 이유는 우리의 주거환경과 직결되는 것으로, 일정 이하의 소득에 대해서는 과세를 하지 않기 때문입니다.

최근 들어 정부는 다주택자에 대한 규제 완화와 더불어 주택임대사업 주택으로 다시 등록하도록 유도하고 있는 상황입니다.

세알못 : 주택임대사업자 등록은 어떻게 하나요?

택스코디 : 임대사업자는 민간임대주택법과 세법에 따라 등록을 해야 합니다. 등록 절차는 다음과 같습니다.

1. 주택임대사업자등록

거주지 시, 군, 구청에서 등록합니다. 신청 시기는 등기이전, 잔금지급 전에 해야 합니다. 필요서류는 임대사업자등록신청서(임대보증금과 임대료 등을 정확히 기재, 거짓으로 작성 시 과태료 발생), 매매계약서 사본 등이 필요합니다.

2. 임대차계약 체결

표준임대차계약서 양식을 사용합니다. 필요서류는 표준임대차계약서 원본, 임차인 주민등록등본입니다.

알아두면 쓸모 있는 세금 상식사전

3. 취득세 감면 신청

취득일로부터 60일 이내 물건지 시, 군, 구청 세무과에서 합니다. 필요서류는 지방세액 감면신청서, 주택임대사업등록증입니다.

4. 임대요건 신고

임대개시 10일 전 거주지 시, 군, 구청 주택과에서 합니다. 필요서류는 임대요건 신고서, 표준임대차계약서입니다.

5. 사업자등록 신청

임대개시 20일 이내 신청하며 거주지 세무서에서 합니다. 필요서류는 주택임대사업등록증, 사업자등록신청서, 임대차계약서 등입니다.

분양권 상태에 있거나 재건축, 재개발 중 입주권 상태에서도 임대등록은 가능합니다. 그러나 의무임대 기간의 기산이나 각종 세법을 적용할 때에는 실제 임대개시일로부터 시작함에 유의해야 합니다.

세알못 : 표준임대차계약서를 제출하지 않고 시중의 일반 계약서를 제출하면 문제가 없나요?

택스코디 : 표준임대차계약서를 제출하지 않으면 과태료 적용대상입니다.

주택임대사업 과세체계부터 이해부터 하자

임대소득(수입금액)과 임대소득금액을 혼용해서 쓰는 경우가 있습니다. 단어 하나 차이로 큰 금액의 세금의 부과될 수도 있는 만큼 정확한 용어를 쓰는 습관을 들이는 게 좋습니다.

- **수입금액 (임대소득):** 주택을 임대하면서 발생한 수익으로 월세, 간주임대료, 관리비 수입 등을 말합니다. 이렇게 계산된 수입금액이 연간 2천만 원을 초과하면 종합과세, 2천만 원 이하이면 분리과세 (2018년까지는 비과세)됩니다.

- **임대소득금액:** 수입금액에서 비용을 차감한 금액입니다. 당연히 비용 차감 후 금액이므로 수입금액보다는 적습니다. 참고로 임대주택등록사업자에게는 필요경비가 60%, 미등록사

업자에게는 50%를 차등 적용됩니다.

주택임대소득 과세체계를 이해하기 위해서는 먼저 임대소득 '수입금액'에 대해 이해할 필요가 있습니다. 전·월세 등 주택을 임대하면서 발생하는 수입을 의미합니다. 이 금액을 정확하게 계산할 필요가 있습니다. 아래 단계를 따라가 볼까요.

1. 먼저 보유하고 있는 부부 합산 주택 수를 계산해야 합니다.

2. 주택 수에 따른 수입금액 계산은 다음과 같습니다.
- 1채: 비과세 (기준시가 12억 원(종전 9억 원)을 초과하는 고가주택은 월세에 대해 과세)
- 2채: 월세만 과세
- 3채 이상: 월세 + 간주임대료에 대해 과세

3. 위에서 계산된 수입금액을 바탕으로 2천만 원을 초과하면 종합과세, 2천만 원 이하이면 분리과세 됩니다.

> 세알못 : 주택 수가 3채입니다. 1채는 거주하고 있고 나머지 2채는 월세를 주고 있습니다. 한 달 동안 월세 수입은 150만 원입니다. 월세를 주고 있는 주택은 전용면적 60㎡ 이하, 기준시가 3억 원 이하 소형주택입니다. 수입금액 계산은 어떻게 하나요?

알아두면 쓸모 있는 세금 상식사전

택스코디 : 먼저 주택 수가 3채이므로 '월세 + 간주임대료'를 계산해야 합니다. 월세 수입이 한 달 150만 원이므로 연간 1,800만 원 (150만 원 × 12개월)이 수입금액입니다. (참고로 월세를 주는 2채가 소형주택이 므로 간주임대료 계산에서 제외됩니다.)

임대사업자 사업장현황신고
혼자 해보자

주택임대업은 부가가치세가 면제되는 면세사업이라는 점에서 부가가치세 신고·납부의무는 없지만, 사업장 현황신고의무가 있습니다.

주택임대사업자는 해당 사업장의 현황을 해당 과세기간(전년도 1월 1일~12월 31일)의 다음 연도 2월 10일까지 사업장 소재지 관할 세무서장에게 신고해야 합니다. 사업장 현황신고를 할 때는 사업자의 인적사항이나 사업장의 수입금액 명세 등의 내용을 신고해야 합니다.

세알못 : 사업장 현황신고 혼자 해도 되나요?

알아두면 쓸모 있는 세금 상식사전

택스코디 : 물론 가능합니다. 사업장 현황신고 방식은 다음과 같습니다.

1. 세무서방문
2. 홈택스 이용
3. 세무대리인 위임

위의 세 가지 방법 중 원하는 것을 선택해서 하면 됩니다. 혼자서 홈택스를 통해 신고하려면 아래 순서를 따라 하면 됩니다. 사업장 현황신고는 어렵지 않아서 홈택스를 이용해 직접 사업장 현황신고를 해도 충분합니다.

〈 홈택스를 통한 신고 〉

'신고·납부 → 일반신고 → 사업장 현황신고 → 사업장 현황신고서 작성하기 또는 파일변환 신고하기'

먼저 홈택스에 접속, 로그인합니다. (로그인 방법 : 공동인증서, 금융인증서, 간편인증, 아이디, 생체인증 등으로 가능합니다.)

1. 기본정보 입력을 합니다. 여기서 무실적 사업자는 '무실적 신

고'를 클릭하면 됩니다.

2. 수입금액 내역(수입금액 검토표) 작성

3. 신고서 제출하기 클릭

〈 사업장 현황신고서 작성사례 〉

• 임대현황

구분	A주택	B주택	C주택
소재지	서울 0구 00동 00-00	서울 0구 00동 00-00	서울 0구 00동 00-00
임대 기간	22.1.1~23.12.31	21.7.1~23.6.30	23.7.1~25.6.30
보증금	2억 원	2억 5천만 원	3억 원
월세	60만 원	40만 원	20만 원

(가정: 3채 모두 비소형주택으로 간주임대료 총수입금액 산입대상임)

임대료 수입금액(2022년 귀속)

월세 수입금액

• A주택: 60만 원 × 12개월 = 720만 원

• B주택: 40만 원 × 6개월 = 240만 원

- C주택: 20만 원 × 6개월 = 120만 원

- 간주임대료 수입금액

구분	1.1~6.30	7.1~12.31	계
A주택 보증금	200,000,000	200,000,000	
B주택 보증금	250,000,000	-	
C주택 보증금	-	300,000,000	
보증금 등 합계	450,000,000	500,000,000	
(보증금-3억) 적수	27,150,000,000 (4.5억-3억)×181일	36,800,000,000 (5억-3억)×184일	
간주임대료	535,562 (27,150,000,000×0.6÷ 365×1.2%)	725,918 (36,800,000,000×0.6÷ 365×1.2%)	1,261,480

세알못 : 사업장 현황신고 시 유의사항은 무엇인가요?

택스코디 : 주택임대 사업자 현황신고는 주택임대사업자로 등록하지 않는 편이 좋습니다. 꼭 해야 하는 의무사항은 아니지만, 5월 종합소득세 신고 시에 조금 더 빠른 신고와 납부를 위해 하는 과정이라 생각해도 좋을 것 같습니다. 주택임대사업자로 등록하지 않았더라도, 주택임대를 통한 소득이 발생했을 경우, 임대소득세 납부를 해야 하기 때문입니다.

주택임대사업자 혜택이 부활한다

국민 평형으로 불리는 85㎡ 아파트를 매입해 임대사업자로 등록하는 것이 허용될 예정입니다. 폐지되었던 임대사업자 제도가 다시 도입되는 것입니다. 임대사업자의 규제지역 종합부동산세 합산배제와 양도소득세 중과배제도 부활하고, 취득세 감면제도가 새로 도입될 예정입니다.

따라서 장기(10년) 임대사업자가 85㎡ 아파트를 매입해 등록하는 것이 허용됩니다. (종전에는 다세대 가구 등 비아파트만 등록 가능했습니다.)

민간 등록임대 제도 복원

구분		종전 (2020년 7월 전면 축소)	개선
단기 (4년)	건설 임대	폐지	–
	매입 임대	폐지	–
장기 (10년)	건설 임대	존치	–
	매입 임대	축소(비아파트만 허용)	복원(85㎡ 이하 아파트)

매입 임대사업자는 양도소득세가 중과 (법인은 법인세 20%포인트 추가과세)가 되지 않고 종합부동산세는 합산 배제하여 부과되지 않는데, 종전에는 조정지역 내 주택에는 이 혜택을 주지 않았습니다.

이런 혜택이 복원되어 수도권 6억 원 이하, 비수도권 3억 원 이하의 등록 임대주택에 대해서는 규제지역 여부와 관계없이 세제 혜택을 적용받을 수 있습니다. (의무 임대 기간을 10년에서 15년으로 연장할 때엔 세제 혜택을 받을 수 있는 주택의 금액 기준을 수도권 9억 원, 비수도권 6억 원으로 높이는 방안도 추진합니다.)

새로 아파트를 매입해 임대하는 사업자에게는 주택 규모에 따라 취득세를 최대 전액 감면한다는 방침도 세웠습니다. $60㎡$ 이하는 $85~100\%$, $60~85㎡$ 규모는 50%의 취득세가 감면될 예정입니다.

민간 등록임대 추가 및 복원된 인센티브

세제	신규 아파트(60~85㎡) 매입임대 사업자에 50~100% 취득세 감면
	조정대상지역 내 매입임대주택 등록 시 양도세 중과배제 및 종부세 합산배제
	법인이 매입임대주택 등록 시 법인세 추가과세(양도차익의 20%p) 배제
	의무 임대 기간 10년→15년 확대 시 세제 인센티브 주택가액 요건 추가 3억 원 완화
대출	등록임대사업자 규제지역 내 LTV 상한, 일반 다주택자보다 확대 추진

또 일정 요건을 갖춘 등록 임대사업자가 2년 이상 거주한 주택을 양도할 경우 양도소득세를 내지 않아도 됩니다.

임대주택과 거주 주택을 소유한 1세대가 2년 이상 거주한 주택을 양도할 때에는 양도소득세 비과세 혜택을 받을 수 있습니다. 단 거주 주택 양도소득세를 면제받기 위해서는 임대주택에서 의무 임대 기간 10년(2020년 8월 18일 이후)과 임대 개시일 당시 기준시가 6억 원(비수도권 3억 원) 이하, 임대료 증액 제한(5%) 등의 요건을 만족해야 합니다.

세알못 : 의무 임대 기간을 채우기 전에 거주 주택을 팔게 되면요?

> 택스코디 : 임대주택의 임대 기간 요건을 채우기 전에 거주 주택을 양도하는 때에도 비과세 특례가 적용됩니다. 하지만 이후 임대 요건을 충족하지 못하면 면제받은 양도소득세를 되돌려 내야 합니다.

아울러 거주 주택 비과세 특례는 생애 최초 1회만 받을 수 있고 임대주택이 자동 말소된 경우에도 말소일로부터 5년 이내에 거주 주택을 양도하면 비과세 특례 적용을 받을 수 있습니다. (7·10 대책에 따라 단기 임대·아파트 임대 유형 임대주택은 의무 임대 기간이 지나면 등록이 자동으로 말소됩니다. 특례 적용은 말소 이후에도 일정 유예 기간을 두고 세제 혜택을 유지해주겠다는 취지라고 국세청은 설명했습니다.)

특히 임대주택이 자동 말소된 경우에는 특례 요건을 준수하지 않더라도 5년 내 거주 주택 비과세 특례를 받을 수 있습니다. 일례로 2021년 임대사업 등록이 자동 말소된 A씨가 2022년 임대주택 임대료를 10% 올리고 본인 거주 주택을 처분할 경우 A 씨의 양도소득세 납부의무는 없습니다.

그런데 자동 말소가 아닌 자진 말소의 경우에는 말소 이후 1년 내 양도해야 세제 혜택을 받을 수 있습니다. 거주 주택이 아닌 임대주택을 양도할 경우 10년 이상 장기임대만 양도소득세 비과세가 가능합니다.

자동 말소 이후에도 계속 임대를 유지해 10년 이상 임대 기간을 채웠다면 장기보유 특별공제율 70%(8년 이상은 50%)가 적용됩니다.

일시적 2주택자도
월세에 대해 과세하나?

과거에는 집을 임대하고 받는 수익은 대부분 과세대상이 아니었습니다. 실제로 신고를 잘 하지 않거나 2,000만 원 이하의 주택임대소득은 비과세였기 때문입니다.

하지만 2020년부터 2,000만 원 이하 소득에도 과세가 시작됐고, 2021년부터 전월세신고제가 본격적으로 실시되면서 세금을 피할 수 없게 됐습니다. 따라서 전입신고를 하고 확정일자를 받으면 임대수익에 대해 반드시 신고해야 합니다.

그러나 앞서 살펴본 것처럼 신고했다고 해서 임대수익 모두가 과세대상은 아닙니다. 주택임대소득 과세 요건을 보면 월세 소득의 경우 1주택은 비과세하고 2주택부터 과세합니다. 월세를 주는 한 채까지는 세금을 내지 않아도 된다는 이야기입니다. (다만 1

주택자도 예외적으로 고가주택을 소유했다면 비록 집이 한 채라도 과세대상이 됩니다. 이때 고가주택의 기준은 기준시가 12억 원 초과 주택입니다.)

전세보증금을 받는 경우는 어떨까요. 월세 소득에만 과세하면 전세보증금 소득과의 형평성이 맞지 않기 때문에 전세보증금에 의해 발생하는 수익을 임대료로 간주해 과세하는 간주임대료를 통해 과세합니다.

다시 복습하면 전세로만 임대하고 있다면 2주택까지는 과세대상이 아니고, 3주택부터 간주임대료를 통해 세금을 적용합니다. 간주임대료는 부부 합산 3주택 이상이면 (전용면적 40㎡ 이하, 기준시가 2억 이하 소형 주택 제외) 보증금 합계액 3억 원을 초과하는 금액의 60%에 대해 적정 이자율을 적용해 계산합니다. 이때 적용하는 이자율이 개정 예정인 연 1.2%이며, 2022년 발생하는 소득부터 적용합니다.

세금을 매기는 기준이 되는 주택 수를 계산하는 것도 중요해졌습니다. 주택 수와 가격, 면적, 전세냐 월세냐에 따라 세금이 다르기 때문입니다.

먼저, 부부의 주택 수는 합산하되 자녀의 주택 수는 합산하지 않습니다. 남편과 아내가 각각 한 채씩 가지고 있다면 이 집은 2

주택자가 되는 것입니다. 부부가 거주하는 한 채가 있고, 세를 주는 한 채가 있는 경우 과세 요건에 따라 월세를 준다면 과세대상이고 전세로만 임대한다면 비과세가 됩니다. 주택 수 판단은 부부 기준으로 하되 세금 계산 자체는 별개로 한다고 생각하면 됩니다.

세알못 : 주택임대소득 과세대상인지 판단할 때 주택 수는 소유주택 수인지, 아니면 임대주택 수인가요?

택스코디 : 주택임대소득 과세대상 여부는 본인과 배우자의 소유주택을 합산해 판단합니다.

세알못 : 이사 등으로 일시적으로 2주택을 소유해도 과세하나요?

택스코디 : 2주택 소유 기간에 월세 임대수입은 소득세가 부과됩니다.

오피스텔도 주택임대소득 신고대상인가?

세알못 : 미혼인 본인이 소유한 주택 1채를 임대하고, 부모님 소유주택에서 거주하는 경우 임대소득세 과세대상인가요?

택스코디 : 주택임대소득 과세대상 여부 판단 시 주택 수는 부부 합산하나 직계존비속이 소유한 주택 수는 포함하지 않습니다.

미혼인 본인이 주택 1채만 소유하고 있다면 임대소득세 과세대상에 해당하지 않으며, 기혼자도 본인과 배우자의 주택 수를 합산해 1채라면 과세대상이 아닙니다. 다만 본인 소유주택의 기준시가가 12억 원(종전 9억 원)을 초과하고 월세 임대수입이 있다면 소득세가 부과되며, 국외주택을 소유하고 월세 임대수입이 발생하는 때에도 과세대상입니다.

세알못 : 부부 합산 4주택을 소유하고 있지만 3채는 주거전용면적이 40㎡ 이하이면서 기준시가가 2억 원 이하이고(1채는 기준시가가 3억 원), 4주택 모두 보증금만 받아도 임대소득세가 부과되나요?

택스코디 : 2023년 12월 31일까지 소형 주택(주거전용면적이 40㎡ 이하이면서 기준시가가 2억 원 이하)은 간주임대료 과세대상을 판단할 때 주택 수에 포함되지 않으므로 보증금 등에 대한 간주임대료가 부과되지 않습니다. 다만 소형 주택도 월세 임대수입은 과세대상입니다.

세알못 : 오피스텔을 임대해도 주택임대소득 과세대상인가요?

택스코디 : 결론부터 말하자면 오피스텔을 임차인이 상시 주거용으로 사용하면 주택임대소득으로, 주거용이 아니라면 상가임대소득으로 과세합니다.

세법은 실질 용도로 주택 여부를 판정합니다. 그래서 오피스텔이 주거용으로 사용된다면 주택에 해당합니다. 오피스텔을 주거용으로 임대하면 부가가치세를 면제합니다. 원래 주택임대에 대해서는 부가가치세를 부과하지 않기 때문입니다.

1주택을 보유한 사람이 주거용 오피스텔을 하나 더 보유하면 2주택자가 됩니다. 따라서 주거용 오피스텔을 양도하면 원칙적으로 주택에 대한 양도소득세 과세체계를 따라야 합니다.

그런데 오피스텔과 관련해 중요한 문제가 있습니다. 즉 당초 분양받을 당시 오피스텔에 대한 부가가치세는 업무용 시설로 보아 환급을 받을 수 있었습니다. 하지만 이를 부가가치세가 부과되지 않는 사업(거주용 임대)에 사용하면 당초 환급받은 부가가치세를 반납해야 한다는 사실입니다.

그렇다면 주거용으로 임대한 후에 사업용(임차인이 사업자등록을 하면)으로 사용된다면 반납된 세금을 다시 환급받을 수 있는지 궁금할 수 있습니다. 이에 대해 최근 공제를 받을 수 있는 규정이 신설되어 이를 돌려받을 수 있게 됐습니다.

참고로 주거용 오피스텔을 임대주택으로 관할 구청 등과 세무서에 등록하면 임대주택과 같은 세금혜택을 부여합니다. 예를 들어 주거용 오피스텔을 신규 분양받아 임대 시 취득세를 면제받을 수 있고, 재산세 등을 감면받을 수 있습니다. 또 종합부동산세에 대한 비과세와 거주 주택을 양도할 때 양도소득세 비과세를 적용받을 수 있습니다.

세알못 : 2명이 공동으로 주택을 소유(지분 50:50)할 때 각각의 주택 수는(2명 모두 다른 주택이 없는 경우) 어떻게 되나요?

택스코디 : 공동소유 주택의 경우 지분이 가장 큰 자가 2인 이상일 때는 각각의 소유로 계산합니다. 다만 최대 지분 보유자들이 그들 중 1인을 해당 주택 임대수입의 귀속자로 정했다면 그 1인의 소유주택으로 계산합니다.

임대소득이 생기면 내야 하는 세금

소득세

임대소득 과세가 핵심이다

임대소득에 대한 소득세 과세방식은 다음과 같이 정리할 수 있습니다.

- 일부 소득에 대해서는 비과세를 적용한다
- 일부 소득에 대해서는 분리과세를 적용한다
- 이 외 소득에 대해서는 종합과세를 적용한다

세알못 : 비과세가 되는 소득은 무엇인가요?

택스코디 : 주택임대소득 비과세를 적용받기 위해서는 세법에서 정한 비과세 요건을 갖추어야 합니다.

부부 주택 수가 1채만 있는 경우에는 주택의 기준시가가 12억 원(종전 9억 원) 이하이면 이에 대해서는 무조건 비과세를 적용합니다. 그리고 부부 주택 수가 2채 이상이면 개인별로 2천만 원 이하가 발생하면 2019년부터 분리과세를 적용하고 있습니다.

구분	비과세 요건
부부 주택 수가 1채인 경우	주택 기준시가가 12억 원 이하 시
부부 주택 수가 2채 이상인 경우	개인별 연간 임대소득이 2천만 원 이하 시 (단 2019년부터 분리과세로 전환)

세알못 : 분리과세란 무엇인가요?

택스코디 : 분리과세는 다른 소득에 합산하지 않고 해당 소득에 대해서 독자적인 과세 체제로 과세하는 방식을 말합니다.

부동산 임대소득은 개인별로 연간 주택임대소득이 2천만 원 이하일 때 적용됩니다. 이때 다음 계산식에 따라 14%를 적용하여 과세합니다. (본인 선택에 따라 종합과세로 신고할 수도 있습니다.)

(분리과세 주택임대 소득금액 -- 공제금액) × 14%

여기서 주택임대 소득금액은 임대수입에서 필요경비를 뺀 금액입니다. 필요경비는 임대수입 중 60%(등록) 또는 50%(미등록) 상당액을 말하며, 공제금액은 등록사업자는 400만 원, 미등록사업자는 200만 원을 차감합니다. 만일 주택임대소득 외의 소득금액이 연간 2천만 원을 넘어가면 이 공제금액은 0원이 됩니다.

마지막으로 종합과세는 임대소득을 근로소득이나 사업소득 등에 합산해 6~45%의 세율로 과세하는 방식을 말합니다.

임대소득은 사업소득,
수입금액 2천만 원 이하는
분리과세 된다

다시 강조하자면 부부 합산 주택 수가 1채이고 공시가격 12억 원 (종전 9억 원) 이하면 월세와 전세 모두에 대해 과세하지 않습니다. 1주택일 경우에는 비록 내 집에 세를 놓고 있더라도 어차피 본인의 가족은 다른 집에서 세를 들어 살아야 하기 때문입니다.

임대소득 2천만 원을 기준으로 그보다 많으면 종합과세 대상이지만, 그보다 적으면 분리과세를 선택할 수 있습니다.

택스코디 : 분리과세란 소득세를 신고할 때 특정 항목의 소득은 다른 소득과 합산하지 않고 별도로 계산해서 세금을 내는 것입니다. 분리과세가 되면 합산하지 않으므로 과세표준이 낮아지므로 세율도 낮아지고, 세금 부담도 가벼워지게 됩니다.

소득세법에서 분리과세 대상으로 규정하고 있는 것은 종합과세 대상을 제외한 이자소득, 배당소득, 일용근로자의 근로소득, 주택임대소득 등이 있습니다.

세알못 - 월세 수입은 전혀 없고 오로지 전세만 놓았을 때, 보증금 합계가 얼마를 넘지 않아야 분리과세 대상인가요?

택스코디 : 바꿔 말하면 간주임대료가 2천만 원을 넘지 않으려면 보증금 합계액이 얼마까지로 책정하면 될까입니다. 다시 말해 간주임대료 계산 공식을 뒤집으면 답이 나옵니다. (정기예금이자율 2.1%라고 가정)

• 전세보증금 합계액 = [2천만 원 / (60% × 정기예금이자율 2.1%)] + 3억 원 = 약 18억 8,730만 원

전세보증금 합계액이 18억 8,730만 원 이하이면 간주임대료가 2천만 원 이하가 되어 분리과세 신고가 가능합니다. 그러므로 전세를 한 두 채 놓았다고 벌써 간주임대료부터 걱정할 필요는 없어 보입니다. 물론 월세 수입이 있다면 위의 공식에 2천만 원이 아니라 2천만 원에서 월세 수입을 뺀 금액을 대입해야 합니다.

세알못 : 저희 부부는 남편 명의 집에 거주하고 있고, 제 명의 집이 두 채가 있습니다. 하나는 월 49만 원의 월세를 받고 있고, 다른 하나는 5억 원에 전세를 놓고 있습니다. 임대소득세 계산 시 수입금액은 얼마나 될까요?

택스코디 : 세알못 씨 부부는 3주택자입니다. 전세보증금은 3억 원이 넘으니 모두 과세대상입니다.

- 월세 수입 = 40만 원 × 12개월 = 480만 원
- 간주임대료 수입 = (5억 원 - 3억 원) × 60% × 2.1% = 252만 원
- 합계 = 480만 원 + 252만 원 = 732만 원

2천만 원 이하이므로 분리과세나 종합과세를 선택해 신고할 수 있습니다. 여기서 주의할 점은 이 소득이 남편이 아니라 부인에게로 귀속된다는 것입니다. 임대소득세는 명의자인 부인의 몫입니다.

주택임대사업자등록 여부에 따른 세금을 비교해 보자

지난해 발생한 주택의 임대소득 중에서 수입금액이 2천만 원 이하이면 다른 종합소득과 합산하지 않고 분리하여 14% 세율만 적용해 과세한다고 했습니다. 이때 수입금액은 임대차계약에서 발생한 월세 등의 임대료 및 청소 등 세입자로부터 받은 금액이 기준입니다.

다만 세대 내에서 보유하고 있는 주택이 1주택인 경우에는 해당 주택의 기준시가가 12억 원(종전 9억 원)을 초과하는 경우 발생한 월세 소득에 대해서만 부과됩니다.

보유 주택 수가 2주택이면 전세보증금에 대해서는 과세하지 않고, 월세 수입에 대해서만 과세합니다. 보유 주택 수가 3주택 이상이면 전세보증금에 대해 다음 계산식으로 간주임대료를 합산해 수입금액으로 고려합니다.

참고로 주택 수를 계산할 때 소형 주택을 제외하고 계산하는데, 이때 소형 주택은 전용면적 $40\,m^2$ 이하이며, 공시가격 2억 원 이하를 만족하는 주택을 말합니다.

- 간주임대료 = (보증금 적수의 합 - 3억 원) × 60% × 정기예금이자율(2021년 기준 1.2%)

> 세알못 : 현재 3주택을 소유하고 있습니다. 3번째 주택이 전용면적 $40m^2$ 이하이며, 공시가격 2억 원 이하여서 2주택으로 고려되어 전세 보증금에 대한 간주임대료에 따른 주택임대 소득세를 내지 않아도 된다고 알고 있습니다.
> 문제는 첫 번째 주택은 민간임대주택에 관한 특별법에 따라 주택임대 사업자 등록을 했고, 소득세법에 따라 사업자등록을 한 상태에서 임대 수입이 월 80만 원 발생하고, 두 번째 주택은 주택임대사업자등록을 하지 않고 월 60만 원의 소득이 발생하고 있습니다. 이럴 때에는 어떻게 하나요?

> 택스코디 : 다음 표와 같습니다.

주택임대사업자 등록을 하게 되면 필요경비는 60%, 그렇지 않은 때에는 50%가 적용되고, 소득공제는 400만 원, 200만 원이 적용됩니다. (소형주택임대사업자 세액감면은 없다고 가정합니다.)

구분	첫 번째 주택	두 번째 주택	세 번째 주택
	주택임대사업자 등록	주택임대사업자 미등록	
수입금액	80만 원 × 12개월	60만 원 × 12개월	과세 제외
필요경비	960만 원 × 60%	720만 원 × 50%	
소득금액	384만 원	360만 원	
소득공제	400만 원	200만 원	
적용세율	14%	14%	
소득세액	0원	224,000원	
지방소득세 10%	0원	22,400원	
합계 납부세액	0원	246,400원	

국세청은
어떻게 알았을까?

세알못 : 국세청으로부터 종합소득세 신고 관련 해명자료 제출 안내문을 받았습니다. 내용은 주택임대소득이 있는데, 종합소득세 신고를 안 했으니, 기한후신고·납부를 하라는 안내입니다. 2021년 귀속분이니 2022년 2월 면세사업장현황신고와 5월 종합소득세신고를 하지 않아서 나온 안내문 같습니다. 세무서는 이런 내용을 어떻게 아는 걸까요?

택스코디 : 주택임대차 계약 신고제, 흔히 전월세 신고제라고 알고 있죠. 임대인과 임차인 중 1명이 주민센터에 신고하면 이 신고 내용이 국세청으로 넘어가는 것입니다.

또 임차인이 직장인이라면 연말정산 시 월세세액공제를 적용받을 수 있습니다. 이때 임대차계약서 내용을 바탕으로 임대인의 주민등록번호 또는 사업자번호가 반영되므로 국세청에서 임대인에 대한 정보를 수집할 수가 있습니다. 어쨌든, 자료가 나온 이상은 피할 수만은 없습니다.

> 세알못 : 저는 근로소득과 주택임대소득이 있고 주택임대소득 수입금액이 2천만 원을 초과했기 때문에 분리과세가 아닌 종합과세로 신고를 해야 하는 거죠?

> 택스코디 : 네, 맞습니다. 2021년 귀속 종합소득세 기한후신고서를 작성하여 임대차계약서와 함께 제출하고 세금을 내야 합니다.

참고로 세법에서는 납세자가 스스로 그 내용을 수정해서 다시 신고할 수 있게 하는 기회를 부여하고 있습니다.

당초 신고한 것보다 납부세액이 증가할 때 하는 신고를 수정신고라고 하고, 납부세액이 감소할 때는 경정 등의 청구라고 합니다. 실무적으로는 증액 수정신고와 감액 수정신고를 모두 통상적으로 수정신고라고도 합니다.

그리고 이런저런 사유로 정해진 신고기한 내에 세금 신고를 하지 못한 경우, 신고기한이 지난 후에라도 세금을 신고할 수 있는 기한후신고 제도가 있는데, 수정신고든 기한후신고든 빨리하면 가산세를 감면해주므로 잘못된 부분이 있으면 빨리 신고하는 것도 절세입니다.

주택임대소득,
이것이 궁금하다

택스코디 : 임대료와 별도로 유지비나 관리비 등의 명목으로 받은 금액과 전기료, 수도료 등 공공요금은 총수입금액에 포함하지 않습니다. 다만, 공공요금을 제외한 청소비, 난방비 등을 임대인이 직접 받으면 총수입금액에 포함해야 합니다.

주택임대소득의 총수입금액은 해당 과세기간에 수입하였거나 수입할 금액의 합계액입니다. 일반적으로 1년 치의 월세와 보증금 등에 대한 간주임대료의 합계액으로 계산할 수 있습니다.

- 주택임대소득의 총수입금액 = 월세 + 보증금 등에 대한 간주임대료

- 청소비·난방비 등: 부동산임대업의 총수입금액에 산입

- 전기료·수도료 등의 공공요금: 총수입금액에 불산입(공공요 금의 명목으로 받은 금액이 공공요금의 납부액을 초과할 때 그 초과 하는 금액은 부동산임대소득의 총수입금액에 산입

세알못 : 몇 개월 치의 임대료를 미리 받은 선세금의 경우 총수입금액 계산은요?

택스코디 : 다음과 같습니다.
- 선세금의 총수입금액 = 1개월분의 임대료 × 해당연도 임대 기간 월 수 = (선세금 / 계약기간 월수) × 해당연도 임대 기간 월수
(월수: 당해 계약 기간의 개시일이 속하는 달이 1월 미만일 때 1월, 당해 계 약 기간의 종료일이 속하는 달이 1월 미만일 때 0월)

가령 2022.4.13. ~ 2023.4.12. 기간 동안 1,200만 원의 선세금으 로 주택임대 시, 2022년의 총수입금액은 900만 원((1,200만 원/12 개월)×9개월)이 됩니다.

세알못 : 다가구주택 1채만 있습니다. 1주택자인가요?

택스코디 : 구분등기가 되지 않은 다가구주택 1채는 1주택으로 보고 기준시가 9억 원을 초과하지 않으면 비과세됩니다. 기준시가 9억 원 을 초과하면 과세대상이 됩니다.

세알못 : 주택임대수입이 2천만 원 이하입니다. 종합과세와 분리과세 중 어떤 게 유리하나요?

택스코디 : 종합과세와 분리과세의 유불리는 임대주택의 등록 (세무서+지자체) 여부와 임대소득 외의 소득금액, 소득공제 항목 등이 납세자마다 다르므로 일률적으로 판단하기는 어렵습니다.
국세청 홈택스에 종합과세와 분리과세 예상세액을 비교할 수 있는 서비스를 제공하고 있으니 이용해보면 도움이 됩니다. (홈택스→세금종류별서비스→세금모의 계산→주택임대소득 종합·분리과세 세액 비교)

세알못 : 해외 보유 주택에서 임대소득을 받고 있습니다. 신고대상인가요?

택스코디 : 대한민국 거주자가 해외 주택에 임대소득이 있는 경우에는 국내 주택임대소득과 합산해서 신고해야 합니다. 다만 비거주자이면 국외 주택임대소득에 대해 대한민국에서 과세하지 않습니다. 비거주자의 국외주택은 과세대상 판단 시 소유주택 수에도 포함하지 않습니다.

임대사업자 종합소득세 계산 어렵지 않다

임대주택으로 관할 세무서에 사업자등록을 하면 임대소득이 노출되어 건강보험료 등이 추가로 오르게 됩니다. 그러면 임대소득에 대한 세금은 어떻게 계산되는가 살펴볼까요.

일반적으로 주택은 상가와 비교해 월세 금액이 많지 않기에, 주택임대소득만 있는 경우에는 세금 부담은 그렇게 크지 않습니다.

소득세법에서는 개인의 소득을 총 8가지로 구분하여, 그중 이자, 배당, 근로, 사업, 연금, 기타소득의 6가지 항목은 종합과세하고, 나머지 퇴직소득과 양도소득은 별도의 계산으로 분류과세 됩니다. 종합과세의 계산 구조는 다음 표와 같습니다.

구분	내용	비고
소득금액	종합소득금액	이자소득 등 합산
- 소득공제	종합소득공제	기본공제, 추가공제 등
× 세율	기본세율 (6 ~ 45%)	산출세액 결정
- 세액공제, 세액감면	기장세액공제, 특별세액공제 등	납부세액 결정

　　예를 들어 '주택임대소득이 연 2,400만 원이고, 추계신고 단순경비율 45.3% 적용대상이고, 소득공제액이 300만 원, 세액공제는 없다'라고 가정해 봅시다. 그럼 다음과 같은 방법으로 종합소득세 계산이 가능합니다.

• 연간 임대소득 - 2,400만 원 (수입금액)

• 임대소득금액 = 수입금액 - 필요경비 (수입금액 × 단순경비율) = 2,400만 원 - (2,400만 원 × 45.3%) = 13,128,000원

• 과세표준 = 임대소득금액 - 소득공제액 = 13,128,000원 - 3백만 원 = 10,128,000원

• 산출세액 = 과세표준 × 세율 (6 ~ 42%, 누진세율) = 10,128,000

× 6% = 607,680원

위 계산법을 보면 연간 월세 임대소득에서 세율을 바로 적용하는 것이 아니라, 수입금액에서 필요경비, 소득공제액을 차감한 과세표준에서 세율을 곱하기에 다른 소득이 없고 임대소득만 있는 경우에는 세금 부담은 크지 않은 것을 알 수 있습니다.

그러나 주택임대소득 외에 다른 소득이 있다면, 모든 소득을 합산하여 세금이 결정되므로 세금 부담이 커질 수 있습니다. 그 이유는 소득세는 누진세율을 적용하기 때문입니다.

참고로 주택임대소득에 대해서는 부가가치세는 부과되지 않으므로 부가가치세 신고 대신에 매년 2월 10일까지 사업장현황신고를 통해 수입금액을 신고해야 합니다.

세알못 : 추계신고 적용대상은 어떻게 되나요?

택스코디 : 주택임대사업자로서 단순경비율에 따라 신고할 수 있는 사업자는 직전연도 수입금액이 2,400만 원에 미달하는 경우입니다. 즉 수입금액이 2,400만 원을 초과하고 7,500만 원에 미달하는 때에는 기준경비율에 의해서만 추계신고가 가능합니다. 추계신고에 따른 소득금액 계산은 다음과 같습니다.

〈 단순경비율에 따른 추계신고 〉

- 소득금액 = 수입금액 – 수입금액 × 단순경비율

〈 기준경비율에 따른 추계신고 소득금액 Min(1, 2) 〉

1. 수입금액 – 주요경비 – (수입금액 × 기준경비율)

2. (수입금액 – 수입금액 × 단순경비율) × 배수 (간편장부대상자는 2.8배, 복식부기의무자는 3.4배)

이때 주요경비에 포함되는 항목으로는 첫째, 매입비용과 임차료로 증빙서류를 통해 입증 가능한 금액이 포함됩니다. 다만, 부동산임대업의 경우 사업용 유형자산의 매입금액은 매입비용에 포함되지 않습니다. 즉 아파트를 매수하여 주택을 임대하는 경우 아파트를 매입한 금액은 임대하고 있는 기간 중 비용에 반영되지 않습니다.

둘째, 종업원의 급여와 임금 및 퇴직급여로 증빙서류에 의해 지급하였거나 지급할 금액을 주요경비에 반영 가능합니다. 그러나 일반적으로 부동산임대업의 경우 본인이 직접 수행하고 별도 종업원을 고용하고 있지 않으므로 해당 경비도 거의 발생하지 않게 됩니다.

정리하면 부동산임대업의 경우 기준경비율로 계산할 때에는 주요경비에 반영할 항목이 거의 없다고 보면 됩니다.

소득세 신고를 하지 않으면 어떻게 되나?

세알못 : 소득세 신고를 하지 않으면요?

택스코디 : 앞서 살펴본 것처럼 주택임대소득에 대해서는 다음 해 5월 중에 관할 세무서에 소득세 신고를 해야 합니다. 물론 이때 제대로 신고를 하지 않았을 때는 무신고가산세 등이 부과됩니다. 여기서 무신고가산세는 통상 산출세액의 20%입니다. 이 외에 미납한 세액에 대해 하루 2.2 / 10,000의 가산세가 별도로 부과됩니다.

그런데 여기서 문제가 하나 생깁니다. 과거에 미신고한 주택임대소득에 대해 '언제까지 추징이 가능할까' 여부입니다. 세법에서는 이런 문제를 해결하기 위해 다음과 같은 국세부과 제척기간을 두고 있습니다. 따라서 주택임대소득에 대한 소득세를 신고하지 않았다면 과거 7년 이내의 것이 추징 대상이 됩니다.

세목	원칙	특례
상속·증여세	15년간: 탈세, 무신고, 허위신고 등 10년간: 이 외의 사유	상속 또는 증여가 있음을 안 날로부터 1년(탈세로서 제3자 명의 보유 등으로 은닉재산이 50억 원 초과 시 적용) 조세쟁송에 대한 결정 또는 판결이 있는 경우, 그 결정(또는 판결)이 확정된 날로부터 1년이 경과하기 전까지는 세금 부과가 가능
이 외 세목	10년간: 탈세 7년간: 무신고 5년간: 이 외의 사유	상속 또는 증여가 있음을 안 날로부터 1년(탈세로서 제3자 명의 보유 등으로 은닉재산이 50억 원 초과 시 적용) 조세쟁송에 대한 결정 또는 판결이 있는 경우, 그 결정(또는 판결)이 확정된 날로부터 1년이 경과하기 전까지는 세금 부과가 가능

참고로 2020년 이후부터 주택임대사업자가 관할 세무서에 사업자등록을 하지 않으면 임대수입의 0.2%를 가산세로 부과합니다.

한편 사업자등록을 하면 원칙적으로 건강보험료 지역가입자가 됩니다. (단 임대등록을 한 경우 연간 수입이 1천만 원 이하이면 피부양자 등록이 가능하며, 연간 2천만 원 이하이면 40~80% 감면 가능합니다.)

세알못 : 임대소득세 관련해서 2023년에 바뀌는 건 무엇인가요?

택스코디 : 1세대 1주택자가 보유 주택을 임대하는 때에도 임대주택의 기준시가가 9억 원이 넘는 때에는 임대소득에 대해 임대소득세를 내야 했습니다. 하지만 2023년 1월 1일부터는 이 주택가액이 기준시가 9억 원에서 12억 원으로 인상됐습니다.

기준시가 12억 원이 넘는 1세대 1주택 임대라도 월세 수입이 없고 전세금이나 보증금만 있다면 임대소득세를 내지 않습니다. 전세금 및 보증금을 임대료로 환산한 간주임대료는 3주택 이상부터 과세대상이기 때문입니다.

권말부록

바뀌는 2023년 부동산 세금

2023년 계묘년 검은 토끼의 해가 밝았습니다. 청약제도가 무주택자에게 유리해진 데다 눈길을 끄는 분양 물량이 많아 실수요자의 내 집 마련 기회가 확대될 전망입니다.

특히 다주택자는 부동산 세금 부담이 줄어 2023년부터 바뀌는 세제 등을 꼼꼼히 살펴야 합니다. 지난해 정부가 발표한 금융·세제·청약 규제 완화가 2023년에 본격적으로 시행돼서입니다. 다시 말해 부동산 규제 완화로 다주택자와 임대사업자를 시장에 유인해 침체된 경기를 활성화하겠다는 게 정부의 기본적인 방침입니다.

우선 1월부터 중소기업 장기근속자 특별공급 가점 기준이 조정돼 5년 이상 무주택일 경우 받을 수 있는 배점이 기존 5점에서 최대 15점으로 변경됩니다. 무순위 청약 거주지역에 대한 요건도 폐지돼 청약 진입 장벽이 크게 낮아졌습니다.

재건축 안전진단 제도가 개선되는 것도 주택공급 측면에서 호재로 작용할 것으로 보입니다. 안전진단 평가 시 구조 안전 항목에 대한 가중치가 기존 50%에서 30%로 줄어듭니다. 조건부 재건축의 점수 조건도 낮아져 서울과 수도권에서 재건축을 추진하는 곳이 늘어날 전망입니다.

이 외에도 청년 맞춤형 전세특례보증한도 확대, 월세 세액공제율 및 주택임차차입금 원리금 상환액 공제 한도 상향 등이 시행됩니다.

부동산 세금 규제 완화는 2023년 6월부터 시행될 계획입니다. 종합부동산세 기본공제 금액은 현행 6억 원에서 9억 원으로 상향됩니다. 1세대 1주택자는 현행 11억 원에서 12억 원으로 조정됩니다.

또 다주택자에 대한 취득세 중과는 기존 8~12%에서 4~6%로 하향 조정, 한시 유예 중인 양도소득세 중과배제는 2024년 5월 9일까지 연장됩니다. 분양권 및 입주권 등 단기 양도세율은 2020년 이전 수준으로 조정됩니다. 아울러 규제지역 내 다주택자에 대한 주택담보대출 금지 규제가 해제됩니다.

부동산 거래를 다시 활성화하기 위한 제도도 도입됩니다. 구체적으로는 공공분양 미혼 청년 특별공급과 민간분양 면적에 따른 청약가점제 개편으로 청년층의 청약 진입 장벽을 낮췄습니다. 주택담보대출 (주담대) 규제와 생애 첫 주택 구입자 취득세 감면 요건도 완화했습니다. 또 서민과 실수요자의 주거안정을 위한 '특례보금자리론'을 선보이고 주담대의 채무조정 대상을 늘립니다.

무엇보다 눈에 띄는 건 2020년에 축소된 민간임대사업자제도가 크게 개선된다는 점입니다. 10년 장기임대의 경우 전용 $85m^2$ 아파트 등록이 허용되고, 신규 아파트 매입 시 취득세가 감면됩니다. 매입임대사업자 대상 세제 인센티브도 복원될 예정입니다. 대상 주택은 수도권 6억 원, 비수도권 3억 원 이하 주택입니다.

고금리 여파와 경기침체 우려 등으로 매수 심리가 회복되기까지는 일정한 시간이 걸릴 것으로 전망됩니다. 무엇보다 최종 기준 금리가 어느 정도 수준까지 오를지, 또 고금리 기조에 따른 수요 측면에서의 위축 분위기가 언제까지 이어질지가 중요해 보입니다.

달라지는 부동산 제도

내용	2022년	2023년
조정대상지역 2주택자 종합부동산세	중과세율	일반세율
3주택자 이상 최고 중과세율	6.0%	5.0%
종합부동산세 비과세 혜택 대상	공시 6억 원	공시 9억 원
양도소득세 이월과세 기간	5년	10년
생애최초 취득세 감면	소득 7천만 원 이하	제한 없음
LTV	규제지역 다주택자 불가	집값 30%까지 가능

주택과 관련된 연중 세무 일정

1월 - 하순: 표준단독주택 가격 공시

부동산 가격 공시는 국가 및 지방자치단체가 다양한 행정목적 활용을 위해 부동산 가격 공시에 관한 법률에 따라 국토교통부에서 매년 1월 1일을 기준으로 부동산의 적정 가격을 공시하는 것을 말합니다.

1989년부터 도입 (주택은 2005년부터 도입)된 부동산에 대한 공시가격은 각종 보유세·건보료 부과·기초생활보장급여 대상 선정, 감정평가 등 60여 개 분야에서 활용되고 있습니다.

2월 - 10일까지: 주택 임대사업자 사업장 현황신고

면세사업자는 부가가치세 신고는 할 필요가 없지만, 꼭 해야 할 다른 신고의무가 있습니다. 사업장 현황신고라는 것입니다. 뭘 얼마나 팔아서 전체 매출이 얼마나 되는지 사업장의 현황을 신고하는 것입니다.

일반사업자는 부가가치세를 신고납부할 때, 전체 매출과 매입 금액이 자동으로 신고가 되고, 이것을 기초로 국세청이 소득세까지 검증할 수 있습니다. 면세사업자는 부가가치세 신고를 하지 않으니 소득 규모를 확인할 근거가 없는 문제가 생깁니다. 그래서

면세사업도 매출의 규모와 내용을 신고하도록 한 것이 사업장 현황신고입니다.

3월 - 중순(~4월 초순): 공동주택 공시가격 열람, 의견청취

4월 - 말: 공동주택가격/개별단독주택가격 결정, 공시

주택에 대한 공시가격은 단독주택과 공동주택으로 구분하여 매년 1월 표준단독주택에 대한 공시가격을 공시 후 4월 말 공동주택과 개별단독주택에 대한 공시가격이 확정됩니다.

공동주택, 표준단독주택에 대한 공시가격 열람은 부동산 공시가격알리미 누리집에서 조회 가능하며, 개별단독주택에 대한 공시가격은 관할 지방자치단체 홈페이지에서 확인 가능합니다.

5월 - 31일까지: 종합소득세 신고, 납부 (소형주택임대사업자 세액감면 신청)

주택 임대소득이 2,000만 원이 넘게 되면, 무조건 종합과세로 다른 소득이랑 더해서 신고해야 하고, 2,000만 원 이하의 임대수입은 특별히 분리과세와 종합과세 둘 중에 선택할 수 있습니다.

알아두면 쓸모 있는 세금 상식사전

6월 - 1일 (재산세, 종부세 과세기준일)

주택 재산세는 주택보유 기간과 관계없이 매년 6월 1일에 주택을 소유하고 있으면 부과됩니다. 주택의 소유 여부는 취득 시기 판단에 좌우되며, 취득의 시기인 잔금지급일, 등기접수일 중 빠른 날짜를 기준으로 소유자를 판단합니다.

7월 - 16일~31일: 재산세 1/2 납부

주택의 소재지 관할 지방자치단체장이 세액을 산정하여 납부기한 개시 5일 전까지 납세고지서에 과세표준과 세액을 기재하여 발급합니다.

주택 재산세 산출세액의 1/2은 매년 7월 16일부터 7월 31일까지, 나머지 1/2은 9월 16일부터 9월 30일까지 내야 합니다. 해당 연도에 부과할 세액이 20만 원 이하이면 조례로 정하는 바에 따라 납기를 7월 16일부터 7월 31일까지로 하여 한꺼번에 부과·징수할 수 있습니다.

9월 - 16일~30일: 재산세 1/2 납부, 종합부동산세 합산배제 신고, 부부 합산 공동명의 신청

종합부동산세 합산배제는 전용면적과 공시가격 등 요건을 갖춘 임대주택, 기숙사와 같은 사원용 주택, 주택건설 사업자가 주택건

설을 위해 취득한 토지 등에 대해 신고할 수 있습니다.

그동안에는 어린이집용 주택 중 가정어린이집용 주택만 합산배제 대상에 해당했으나 2022년부터는 직장 어린이집 등 모든 어린이집용 주택이 합산배제 신고대상이 됩니다.

참고로 종부세 과세특례와 합산배제를 홈택스로 전자신고·신청할 때 필요한 부동산 명세를 조회하고 내려받을 수 있습니다. 서면으로 신고·신청할 경우 홈택스나 세무서에서 신고 서식을 받아 작성해야 합니다.

12월 - 1일~15일: 종합부동산세 신고, 납부

국세청은 종합부동산세액이 기재된 납세고지서를 매년 11월 말에 납세의무자에게 발송합니다. 이 고지서를 받은 납세자는 12월 1일~12월 15일 기간에 종합부동산세를 내야 합니다.

알아두면 쓸모 있는 세금 상식사전